경제학이
필요한
순간°

경제학이 필요한 순간

1판 1쇄 발행 2023. 9. 20.
1판 7쇄 발행 2024. 6. 10.

지은이 김현철

발행인 박강휘
편집 심성미 **디자인** 박주희 **마케팅** 백선미 **홍보** 이한솔
발행처 김영사
등록 1979년 5월 17일(제406-2003-036호)
주소 경기도 파주시 문발로 197(문발동) 우편번호 10881
전화 마케팅부 031) 955-3100, 편집부 031) 955-3200 | **팩스** 031) 955-3111

값은 뒤표지에 있습니다.
ISBN 978-89-349-7169-6 (03330)

좋은 독자가 좋은 책을 만듭니다.
김영사는 독자 여러분의 의견에 항상 귀 기울이고 있습니다.

홈페이지 www.gimmyoung.com   **블로그** blog.naver.com/gybook
인스타그램 instagram.com/gimmyoung   **이메일** bestbook@gimmyoung.com

경제학은 어떻게 사람을 살리는가

경제학이
필요한

함께 행복해지기 위한
사회의 조건에 대하여

삶이 묻고
경제학이 답한다

순간°

김현철

김영사

김현철 교수는 한국 사회가 직면한 다양한 문제를 다뤄온 탁월한 경제학자다. 《경제학이 필요한 순간》에서 경제학이라는 렌즈를 통해 삶의 모든 단계에서 사회가 어떻게 도움을 줄 수 있는지 살펴본다. 한국의 정책 설계에 크게 기여할 수 있는 잠재력을 지닌 책이다.

마이클 크레머 Michael Kremer
2019년 노벨경제학상 수상자, 시카고대학교 경제학과 교수

김현철 교수가 코넬대학교 교수로 부임했을 때 우리는 보건경제학 분야의 연구를 수행하는 그의 미래가 전도유망할 것이라고 확신했다. 《경제학이 필요한 순간》에서 그는 자신의 학문에 연민을 더해 경제학이 다양한 사회 문제에 대한 이해에 어떻게 기여하고 사회가 어떻게 도울 수 있는지 설명한다. 강력히 추천한다.

도널드 켄켈 Donald Kenkel
코넬대학교 교수, 전 미국 백악관 수석 이코노미스트

지난 10년간 경제학은 김현철 교수를 필두로 주목받는 학문으로 성장해왔다.《경제학이 필요한 순간》은 한국과 전 세계의 일상적인 문제들을 능숙하게 파고들며 경제학에서 얻은 심오한 통찰을 제공한다. 복잡한 글로벌 환경을 항해하는 우리에게, 경제학이 방향을 가리키는 나침반과 같음을 일깨워준다.

사와다 야스유키 Sawada Yasuyuki
도쿄대학교 경제학과 교수, 전 아시아개발은행ADB 수석 이코노미스트

김현철 교수는 의사이자 경제학 박사이다. 그는 두 분야에서 폭넓은 훈련을 받은 덕분에 보건경제학 및 보건정책 분야에서 연구를 통해 중요한 공헌을 할 수 있었다. 학술지에 실린 그의 논문들을 오랜 시간 즐겨 읽어왔는데, 그의 중요한 발견과 분석이 담긴《경제학이 필요한 순간》이 더 많은 독자를 만나길 기대한다. 이 책은 보육·고용·의료·사회보장·교육 등 폭넓은 분야를 다루며, 각 분야의 시급한 과제를 해결하기 위한 증거 기반 정책 수립을 심도 있게 논의하고 있다.

존 코울리 John Cawley
코넬대학교 교수, 〈보건경제학 저널Journal of Health Economics〉 명예 편집장

인식하고 있든 그러지 못하든 우리는 살아가며 다양한 경제학 문제들을 직면하게 된다. 그렇다면 우리는 이러한 문제들을 어떻게 이해해야 할까? 그런 문제들은 우리의 삶에 어떠한 영향을 미쳐왔고 이와 관련한 많은 정부 정책은 효과적으로 운영되고 있을까? 이런 질문에《경제학이 필요한 순간》은 명쾌

한 답변을 제공한다. 김현철 교수가 설명하는 경제학 이론들은 직관적이고, 관련 실증 분석 연구 결과들에 대한 해석은 탁월하다.

고강혁 고려대학교 경제학부 교수

"자신은 실용주의자라서 사상 따위에 영향받지 않는다고 자처하는 사람은 대개 어느 죽은 경제학자의 노예다"라고 존 메이너드 케인즈가 말했던가. 나는 케인즈가 그때는 맞고 지금은 틀렸다고 생각한다. 김현철은 아직 "살아 있는" 경제학자들의 연구가 어떻게 사상 따위는 고려하지 않는 실용주의자들조차 설득할 수 있는지 잘 보여준다. 명료한 자료로, 읽기 쉬운 문체로, 실천 가능한 대안으로.

김성훈 싱가포르경영대학교 교수

전 세계은행 김용Jim Yong Kim 총재는 하버드대학교 의과대학을 졸업한 의사였다. 의대를 졸업한 후 세상을 더 잘 이해하는 의사가 되고자 인류학 박사과정을 공부하였다. 그 후 김용 총재는 병원이 아닌 더 넓은 세상을 무대로, 사회를 고치는 의사가 되었다. 아이티에서 에이즈 환자들을 치료했고 커뮤니티 중심의 헬스케어 프로그램을 운영했으며, 페루에서는 약제내성 결핵환자들을 성공적으로 치료해서 세계보건기구WHO의 결핵 치료 지침을 바꾸는 데 기여하였다.
김현철 교수가 학생일 때 당시 WHO 에이즈 국장으로 일하고 있던 김용 총재를 만날 기회가 있었다. 자기도 세상을 고치는 의사가 되고 싶다고 하자 김용 총재는 그렇다면 인류학보다는 경제학을 공부하는 게 좋을 거라고 조언해주었다. 자기 친구(제프리 삭스 교수)가 있는 미국 컬럼비아대학교에서 경제학 박사과정 공부를 하면 좋겠다는 이야기도 함께 해주었다. 김용 총재의 조언대로 컬럼비아대학교에서 경제학 박사과정을 마친 김현철 교수는 자신의 바람대로 세상을 고치는 의사가 되었다.

그리고 의사이면서 경제학자이고, 경제학자이면서 의사만이 쓸 수 있는《경제학이 필요한 순간》이 출간되었다. 노인 간병과 장기요양보험에 대해 논의한 9장 내용만 보더라도 이러한 글은 경제학 훈련을 받지 않은 의사나, 의사 훈련을 받지 않은 경제학자는 쓰기 어려웠겠다는 생각이 바로 든다.

김현철 교수는 충남 아산시 공중보건의로 근무하며 노인 간병의 슬픈 현실을 직접 경험할 수 있었고, 의사였기 때문에 장기요양보험에 대해 훨씬 더 정확하게 이해할 수 있었다. 그러나 이것만으로는 노인장기요양보험 정책의 효과를 엄밀하게 평가하고, 안락하고 존엄한 노년을 보장해줄 수 있는 노인 간병 정책을 제시하기는 어려웠을 것이다. 그 힘든 공부 끝에 의사가 되고 난 후에도 거의 20년간 치열하게 경제학을 공부하고 연구해왔기에 장기요양보험 정책의 효과와 한계를 정확하게 분석하고, 더 나은 정책을 제시할 수 있었다.

건강, 교육, 노동, 자녀 양육, 돌봄 및 간병 등 우리가 인생 전반에 걸쳐 끊임없이 묻게 되는 삶의 중요한 문제들에 대해 김현철 교수는 남부 아프리카 말라위, 동부 아프리카 에티오피아, 서부 아프리카 가나 그리고 대한민국에서 직접 수행한 본인의 연구 결과를 바탕으로 관련 분야 최고 수준의 경제학 학술 논문 결과들을 종합해서 답하고 있다. 아주 탁월한 답변이다. 그래서 이 책의 일독을, 아니 다독을 강력하게 추천한다. 국내에서 출판된 경제학 대중서의 수준을 단번에 도약시킨 김현철 교수에게도 박수를 보낸다.

김부열 서울대학교 환경대학원 교수

컬럼비아대학교 경제학 박사과정에서 만난 김현철 교수는 본인의 뛰어난 능력과 지식을 어떻게 하면 더 나은 세상을 위해 활용할 수 있을지를 늘 고민하던 진정한 청년이었다.《경제학이 필요한 순간》은 그러한 고민과 노력의 중요한 결실이다. 경제학적 사고에 기반한 탄탄한 논리와 엄밀한 통계 분석을 동시에 활용하여 김현철 교수는 복지, 양성평등, 장시간 근로 등 우리 사회의 중요한 문제에 대한 깊은 통찰을 제시한다. 진지하고 무거운 마음으로 읽기 시작하다 보면 어느새 이러한 복잡한 문제의 실타래를 풀 수 있다는 희망을 발견하게 될 것이다.

박우람 숙명여자대학교 경제학부 교수

우리 삶 가운데 펼쳐지는 여러 경제학 현상들에 대해《경제학이 필요한 순간》만큼 쉽고 재미있게 설명해주는 책은 드물다. 더구나 의사이자 경제학자인 저자가 보여주는 다양한 예시들과 새로운 해법들을 보다 보면 어느새 저자에게 설득당한 자신을 발견하게 될 것이다. 《경제학이 필요한 순간》은 이론과 실증의 균형 속에서 우리가 고민하고 있는 정책들의 방향성을 제시하고 있다. 경제학에 관심 있는 사람들이라면 반드시 읽어야 할 교과서 같은 책이다.

양희승 연세대학교 경제학부 교수

이 책은 논쟁적이다. 뜨거운 감자인 교육, 의료, 노동시장의 문제들을 거침없이 다룬다. 의대를 졸업한 후 경제학으로 전공을 바꾸고 개발경제학자가 되어 아프리카 곳곳을 뛰어다니던 저자의 행보만큼이나 거침이 없다. 그렇지만 이 책은 과학적이다. 150편에 가까운 경제학 논문의 내용을 바탕으로 우리 사회의 문제들을 최대한 과학적으로 접근하려고 노력한다. 이 책은 또 재미있다. 저자는 경제학 이론과 통계 분석을 친구에게 이야기하듯이 풀어내는 재주를 가지고 있다. 벌써 2탄이 기대되는 책이다.

이정민 서울대학교 경제학부 교수

경제학이 삶과 괴리되어 있다는 비판에 답할 수 있는 책. 경제학에 관한 글은 딱딱하고 지루하다는 인상을 지워줄 수 있는 책. 학문적으로 뛰어난 경제학자도 다양한 세상사를 맛깔나게 풀어내는 이야기꾼이 될 수 있음을 보여주는 책.

이철희 서울대학교 경제학부 교수

의사이자 경제학자인 김현철 교수는 따뜻한 가슴으로 현실의 문제에 관심을 가지고 차가운 이성으로 해법을 찾는 보기 드문, 한국 사회에 보배와 같은 학자이다.《경제학이 필요한 순간》은 보건·교육·노동·이민 등 한국 사회 전반의 당면한 경제사회 정책에 대한 증거 기반 논의를 알고 싶은 독자의 필독서이다.

최승주 서울대학교 경제학부 교수

《경제학이 필요한 순간》은 데이터 기반의 실증 분석을 통해 엄밀한 정책 평가가 어떻게 이루어지는지를 보여주며, 이를 토대로 체계적이고 효과적인 정책 결정을 이끌어낼 수 있음을 제시한다. 김현철 교수는 탁월한 전문 지식과 명쾌한 설명력을 바탕으로 다양한 사회 현안과 관련한 경제학 연구를 쉽게 이해할 수 있는 방식으로 풀어내어 독자들이 경제학의 실용적 가치를 깨닫게 한다. 이 책을 통해 증거 기반 정책의 필요성에 대한 공감대가 형성되길, 이를 바탕으로 좀 더 나은 정책 결정이라는 긍정적인 변화가 이루어지길 기대한다.

최자원 한양대학교 경제금융학부 교수

왜 이런 책이 이제야 나왔을까? 태아부터 노년까지 우리 삶 곳곳에 스며있는 여러 정책들에 관한 연구를 저자 특유의 입담으로 재미있게 풀어낸 책이다.《경제학이 필요한 순간》을 읽고 나면 삶을 바라보는 시각이 달라질 것이다.

한유진 연세대학교 경제학부 교수

우리 삶 그리고 정책에 관한 여러 질문들에 대해 최신 경제학적 방법론과 데이터가 어떠한 새로운 인사이트를 제공하는지 다양한 사례와 개인적인 이야기를 통해 풀어내고 있다. 이 책을 읽다 보면 독자는 때로는 어렵고 차갑게 느껴지는 경제학이 좀 더 따뜻한 세상을 만드는 데 어떻게 기여할 수 있는지 알게 될 것이다.

황지수 서울대학교 자유전공학부 교수

김현철 교수의 신간《경제학이 필요한 순간》을 적극 추천하게
되어 기쁩니다.

저는 김현철 교수의 논문 지도교수였기 때문에 그를 잘 알
고 있습니다. 2013년 김현철 교수가 컬럼비아대학교를 졸업
한 후에도 공동 연구 프로젝트를 하면서 수년 동안 연락을 주
고받았기 때문에 그의 발전과 업적에 대해서도 잘 알고 있습
니다.

먼저 그의 연구 능력을 보여주는 몇 가지 예를 소개해드
리겠습니다. 그는 탁월한 경제학 저널에 많은 논문을 발표했
습니다. 그의 논문 중 일부는 경제학 분야 최고 학술지(《경제·
통계 리뷰Review of Economics and Statistics》)와 분야별 최고 학술
지(《공공경제학 저널Journal of Public Economics》《보건경제학 저널
Journal of Health Economics》《개발경제학 저널Journal of Development
Economics》)에 게재되었습니다. 또한 《사이언스Science》에 게재
된 연구 논문의 제1저자이기도 하며, 이는 그의 연구의 다학
제적 접근 방식을 보여줍니다. 그리고 현재도 많은 연구 프로

젝트를 진행하고 있습니다.

그는 아프리카와 아시아 국가들에서 인상적인 현장 실험을 많이 수행했습니다. 예를 들어, 저와 김부열, 최승주와 공동으로 작성한 논문에서는 중등학교 여학생들의 학비를 지원하는 조건부 현금 지급 실험을 통해 교육이 의사 결정의 질을 향상시킨다는 사실을 보여주었습니다. 이 논문은 "경제적 합리성 향상을 위한 교육 개입의 역할The Role of Education Interventions in Improving Economic Rationality"이라는 제목으로 2018년 〈사이언스〉에 게재되었습니다.

김현철 교수는 오늘날 보건·인력·교육 문제를 연구하는 대표적인 실증주의 학자 중 한 명입니다. 그는 논문 발표 실적을 단단하게 쌓아올렸고 특별히 개발 정책 분야에서 높은 인지도를 가지고 있습니다. 또한 행정 데이터를 활용한 준실험 연구 설계를 바탕으로 작성한 응용 논문을 발표하고 대규모 무작위 대조군 실험을 수행하는 특별한 능력을 보여주었습니다. 여기에 의사라는 특이한 이력까지 고려하면, 일반 독자를 대상으로 경제학 분야의 최신 증거를 활용하여 우리 시대의 가장 시급한 정책 문제를 논의하는 책을 쓰기에 그보다 더 적합한 사람은 없을 것입니다.

크리스천 폽-엘리케스 Cristian Pop-Eleches
컬럼비아대학교 교수

1부   배 속에서 무덤까지

: 우리의 전 생애를 국가가 보살펴야 하는 이유

삶의 모든 순간에
경제학이 필요한 이유

"왜 의사를 그만두고 경제학을 공부하세요?" 제가 경제학을 공부한 지 벌써 20년이 넘었지만 지금도 저를 만나는 사람들은 궁금해합니다. 의사였던 저는 사회를 치료하는 의사가 되고 싶어 진료실을 나와 경제학 공부를 시작했습니다. 이 결정은 제가 만났던 사회적 약자들 때문입니다.

명백한 말기 유방암임에도 불구하고 이를 부인하던 촌부, 목숨을 걸고 이 땅에 온 하나원의 북한 이탈 주민들, 산재를 입고 서러워 울던 외국인 노동자, 공중보건의 시절 방문 보건 프로그램에서 만났던 돌봄의 사각지대에 놓인 환자들, 말라리아로 아이를 잃고 밤새 구슬프게 울던 아프리카 말라위의 엄마, 눈에 초점을 잃은 채 구걸하던 에티오피아의 임신부, 단돈 1,000원에 성인에게 성매매를 제안하던 아프리카의 어린

소녀들….

이들은 더 아프고 더 일찍 죽습니다. 제가 경제학 연구를 하는 원동력입니다. 이들에게, 경제학이 어떤 도움을 줄 수 있을까요?

경제학은 2000년대 들어 비약적인 발전을 거듭했습니다. 양질의 데이터와 연구 방법론의 발전은 실증 경제학 연구의 신뢰성을 크게 발전시켰죠. 이를 소위 경제학의 '신뢰성 혁명 Credibility Revolution'이라 부릅니다.

신뢰성 혁명은 우선 양질의 데이터가 확보될 수 있기에 가능했습니다. 선진국뿐 아니라 개발도상국에서도 우수한 데이터가 급격히 증가했습니다. 또 '자연 실험Natural Experiment'이나 '사회 실험Field Experiment'과 같은 기법을 이용하여, 정책 혹은 프로그램의 인과성을 입증하는 연구가 발전을 거듭했습니다.

이에 하버드대학교의 저명한 경제학자인 라즈 체티Raj Chetty는 "경제학은 과학이다"라는 글을 〈뉴욕타임스〉에 기고했습니다.[1] 가용한 데이터가 늘어남에 따라, 경제학은 더욱 실증적이고 과학적인 분야가 되어가고 있다고 이야기했죠.

예를 들면 다음과 같은 유명한 사회 실험이 있습니다. 미국에서 학급당 적정 인원 수에 대한 논쟁이 있었습니다. 테네시주는 1980년대 13~17명의 작은 학급과 22~25명의 큰 학급에 학생 11,500명을 무작위로 배정하고 오랜 기간 그들의 성취를 추적했습니다. 바로 STARStudent Achievement Guarantee in Education 프로젝트입니다. 연구 결과, 작은 학급에 배정된 학생들이 학업 성취도가 6% 정도 높다는 사실을 발견했죠. 이 프로젝트는 교육 분야 투자의 주요 근거가 되었습니다.[2,3]

미국의 공공주택 프로젝트Moving to Opportunity for Fair Housing Program는 좋은 성장 환경의 중요성을 입증했습니다.[4] 1990년대 미국 정부는 주민이 좀 더 나은 환경으로 이사할 수 있도록 주택보조금을 지급했습니다. 효과 측정을 위해 제비뽑기로 대상자를 정했습니다. 수십 년의 추적 관찰 끝에, 학자들은 좋은 환경으로 13세 이전에 이사한 경우만 교육 성과, 취업, 연봉 등에 상당히 긍정적인 효과가 있음을 밝혔습니다. 13세 이후에 이사하면 효과가 없거나 역효과가 생겼습니다. 맹모삼천지교가 과학으로 입증된 것입니다.

경제학의 발전은 국제개발 분야에도 큰 영향을 주었습니다. 이전에는 이념적 혹은 이론적 논쟁이 주를 이루었습니다. 《빈곤의 종말》의 저자이자 국제개발 프로젝트의 열렬한 지지자인 컬럼비아대학교의 제프리 삭스Jeffrey Sachs는 너무도 자신만만하게 2025년까지 빈곤이 없는 세상을 맞이할 방법을 제시합니다.[5] 그의 이론에 따르면 대규모 원조와 투자인 '빅 푸시Big push'를 통해 저개발 국가들을 빈곤의 덫에서 구해낼 수 있습니다.

반면, 세계은행에서 오랫동안 일했던 뉴욕대학교 교수 윌리엄 이스털리William Easterly는 이러한 노력이 얼마나 헛되었는지, 왜 아무런 도움이 되지 않았는지 역설했습니다.[6] 무엇보다 그는 이러한 노력이 저개발 국가에서 시장의 성장을 방해했다고 주장했습니다.

하지만 새로운 시대의 경제학 연구들은 다른 방식으로 답합니다. 국제개발 프로그램이 모두 다 실패하거나 모두 다 성공하는 것은 아닙니다. 신뢰할 수 있는 방법으로 다양한 정책과 프로그램의 효과를 입증해보아야 합니다. 그리고 이에 기반해서 효과적인 개발 프로그램을 설계하자는 것입니다.[7] 국제개발 프로그램의 효과성을 이러한 방식으로 크게 높인 공로로 2019년 마이클 크레머Michael Kremer, 아브히지트 바네르지Abhijit Banerjee, 에스테르 뒤플로Esther Duflo 3명의 경제학자에게 노벨상이 수여되었습니다.

제가 만났던 사회적 약자들의 불행은 어디서 기인한 것일까요? 대부분 부유하지 못한 나라와 가정에서 태어났고 사회의 적절한 보호를 받지 못했기 때문입니다. 그들의 잘못이 아닙니다. 그저 불운했을 뿐입니다. 반대의 경우도 생각해봅시다. 대한민국에서 태어난 우리가 좋은 교육을 받고 건강하게 잘 먹고 잘사는 것은 본인의 능력과 노력 때문일까요? 이런 고민이 1장 "인생 성취의 8할은 운: 개인의 능력과 노력의 한계, 그리고 국가의 역할"에 담겼습니다.

국민 성취의 대부분은 사실 국가가 결정합니다. 잘 작동하는 국가의 국민은 풍성한 삶을 삽니다. 반면 실패한 국가의 국민의 삶은 어려움의 연속입니다.

책의 1부에서 저는 엄마 배 속에 잉태된 순간부터 생을 다할 때까지 국가가 국민을 어떻게 도울 수 있을지 고민해보았습니다. 임신(2장), 영·유아 교육(3장), 엄마와 아빠의 육아 참여(4~5장), 학창 시절의 친구(6장), 직장 생활과 실직(7장), 황혼육아(8장), 노인 요양(9장) 및 외국인 가사 도우미 제도(10장)에 대해서 살펴봅니다.

처음 경제학을 공부하기 시작했을 때 저는 가난하고 어려운 사람들을 위한 정부 정책은 대체적으로 늘 성공한다 생각했었습니다. 순진했습니다.

이 책의 2부는 당위와 직관만으로 만든 정책들이 어떻게 실패하고 있는지 설명합니다. 11장에서 경제학자로서 살아오며 선의만으로는 사회적 약자를 제대로 도울 수 없음을 깨닫게 된 과정을 소개합니다. 의도는 좋으나 작동하지 않는 정책이 너무도 많습니다.

구체적으로, 복지 사각지대 문제를 극복할 수 없는 기초생활보장제도, 그리고 그 대안인 안심 소득과 기본 소득(12장), 의료비 보장성 강화 정책의 문제점(13장), 솔깃하게 들리지만 실패할 가능성이 높은 공공 의대(14장)에 대해 근거에 기반해 설명합니다. 산업 현장도 살펴봅니다. 일 잘하는 사람을 뽑기 위한 업무 인센티브(15장)와 주 4일제의 성공 가능성(16장), 그리고 불필요한 사회적 갈등을 줄일 수 있는 양성평등 정책(17장)도 생각해보았죠. 마지막으로 우리의 코로나19 정책을 돌이켜봅니다(18~20장). 왜 우리나라 코로나19 정책이 최선이 아니었는지, 그리고 이 중 가장 안타까운 실수로 기록될 등교 제한의 피해를 소개합니다.

우리나라 정부가 시행하는 수많은 프로그램 중 어떤 것이 작동하고, 어떤 것이 작동하지 않는지에 대한 근거는 대부분 부족합니다. 당위와 직관이 아닌 데이터와 근거에 기반한 정책을 만들어야 합니다. 마치 의사가 환자의 상태를 면밀히 조사해 진단한 후, 의학적 근거에 기반해 치료하듯이 말입니다. 암세포만을 떼어내는 외과 의사의 날카로운 칼과 같은, 사람을 살리는 정책을 만드는 일에 이 책이 기여했으면 좋겠습니다.

배 속에서
무덤까지

: 우리의 전 생애를 국가가 보살펴야 하는 이유

1

인생 성취의 8할은 운

: 개인의 능력과 노력의 한계, 그리고 국가의 역할

인생의 성취에서 가장 중요한 요인은 무엇일까요?
'능력주의Meritocracy' 사회는 내 성취가 오로지 나의 능력, 나의
노력에 의한 것이라고 말합니다. 정말일까요? 쑥스럽지만 제 이
야기를 들려드리겠습니다.

저는 능력주의의 가장 중요한 평가 방법인 '시험'을 가장 성공적
으로 통과한 사람 중 하나입니다. 의사이자 경제학자로, 미국의
'아이비리그'에 속하는 코넬대학교 교수를 지냈고 지금은 아시
아 정상권 학교인 홍콩과학기술대학교 교수로 있습니다.
의학과 경제학의 최전선에서 전쟁하는 기분으로 치열하게 연구
하며 살았습니다. 늘 부족함을 느끼지만 꽤 괜찮은 학문적 성취
도 이뤘습니다. 이 성취는 오직 제힘으로 이룬 걸까요?

'지금의 나'가 있기까지

저는 1996년 의과대학에 (거의) 꼴등으로 합격했습니다. 신입생 오리엔테이션이 끝난 뒤에야 합격증을 받아, 신입생 환영 엠티에 겨우 시간 맞춰 참석할 수 있었습니다. 저는 기막히게 운이 좋은 축에 속했습니다.

또한 1996년 대학 입시는 대학별고사(본고사)가 존재한 마지막 해였습니다. 저는 수학능력시험보다는 꾸준함이 중요한 내신과 깊은 사고 능력을 요구하는 본고사에 상대적으로 강했습니다. 만일 몇 달 늦게 태어나서 수능이 대폭 중요해진 1997년에 대학 입시를 치렀다면 합격하기 어려웠을 것입니다.

뒷문을 닫고 들어갔지만 의과대학에서 좋은 성적을 받았습니다. "왜 가난하고 교육받지 못한 사람들이 더 아픈 걸까" 고민하던 저는, 의과대학을 졸업하던 해에 경제학을 공부하기로 마음먹었습니다. 경제학 석사과정을 마친 뒤 박사과정에 지원했습니다.

제게 선망의 대상이던 미국 컬럼비아대학교는 좋은 대학교의 학부 과정에서 학점을 4.0 넘게 받은 수재들만 입학합니다. 그러나 제 의과대학 성적은 그보다 한참 낮았습니다.

그런데 마침 컬럼비아대학교로 한국인 교수가 부임해 박사과정 입학을 주관했습니다. 그는 한국의 의과대학이 특별히 경쟁이 심하니 제가 학점이 좀 낮아도 뛰어난 학생일 거라 추측했습니다. 그렇게 제 인생은 한 번 더 바뀌었습니다.

박사과정 내내 저는 전 세계에서 모여든 수재들 틈에서 주눅이 들었습니다. 첫해 성적은 하위권이었습니다. 무엇보다 큰 스트레스는 성적이 낮은 하위 20% 정도의 학생을 퇴학시키는 박사 종합시험이었습니다. 저는 합격과 불합격의 경계를 맴돌았지만, 마지막에 극적으로 합격선을 통과할 수 있었습니다.

박사과정을 마치고 코넬대학교 교수로 채용됐습니다. 지원자 수백 명 중에 최종 후보자 4명을 선발해 사흘에 걸쳐 압박 면접을 합니다. 떨리는 마음을 다잡았던 일, 너무 긴장해서 먹은 것을 호텔방에 다 토했던 일이 추억으로 남았습니다. 그러고도 아무렇지 않은 척 면접에 임했죠.

저의 모든 것을 쏟아부었지만, 제가 최종 낙점된 데는 지도교수 중 한 명인 더글러스 앨먼드Douglas Almond의 역할이 컸습니다. 그는 제가 박사과정을 마무리하던 중 안식년을 얻어 코넬대학교의 초빙교수로 가 있었습니다. 그 때문에 당시 저는 지도교수를 만나기 힘들다고 불평하곤 했습니다. 그런데 이후 코넬대학교에서 그를 채용하려 했고, 그는 그 자리에 저를 강력히 추천했던 것입니다.

제가 이 자리에 있기까지는 이렇게 행운의 연속이었습니다. 대입 시험과 박사 종합시험에 겨우 합격했으며, 박사과정에 입학하고 아이비리그의 교수가 된 것은 저를 도와줄 누군가가 마침 그 자리에 있었기 때문입니다.

저는 경제학자로서 능력도 있는 편이고 누구 못지않게 열심히 노력했습니다. 그러나 저만큼 능력 있고 노력하는 경제학자는 사실 아주 많습니다. 그렇기에 능력과 노력만으로는 제 성취를 도저히 설명할 수 없습니다.

운은 우리 인생에 얼마나 큰 영향을 미치고 있을까요?

나라와 부모의 역할

태어나면서 첫 번째로 만나는 운은 '어디서 태어났는가'입
니다. 세계은행 출신의 저명한 경제학자 브랑코 밀라노비치
Branko Milanović는 태어난 나라가 평생 소득의 절반 이상을 결
정한다는 것을 보여줬습니다.[1] 태어난 나라의 1인당 평균 소
득과 불평등지수만으로 성인기 소득의 최소 50%를 예측할
수 있습니다.

저개발 국가에서 태어나면 능력이 뛰어난 사람도 성공할
가능성이 낮습니다. 고등교육을 받기 어렵고 대학을 졸업해도
좋은 직장을 얻기 어렵습니다. 사업가로 성공하기도 매우 어
렵습니다. 자본도 부족하지만 부패와 법 집행의 자의성, 불합
리한 규제, 인프라 부족 등 넘어야 할 산이 많고 높습니다. 대
한민국이라는 나라에서 태어난 것만으로도 우리는 상위 20%
안에 들어가는 운 좋은 사람들입니다.

다음으로 만나는 운은 '부모'입니다. 사람의 성취와 행동에
서 유전 요소와 환경 요소가 얼마나 중요한지를 두고 많은 논
쟁이 있었습니다. 이를 '본성과 양육' 논쟁이라고 합니다. 유
전 요소가 중요하다면 운이 더 중요하다는 것을 시사하고, 환
경 요소가 중요하다면 아이의 운명을 바꿀 여지가 더 많을 것
입니다.

부모는 유전·환경 요소를 모두 제공하므로 둘의 역할을
구분하는 것은 어렵습니다. 그래서 경제학자들은 입양된 아이
들을 연구하기 시작했습니다.

미국 다트머스대학교의 브루스 새서도트Bruce Sacerdote가

1-1. 부모와 입양 자녀 및 친자녀의 상관관계

	입양 자녀-친자녀	친자녀-친자녀
교육	0.157	0.378
소득	0.110	0.277
키	0.014	0.443
몸무게	0.044	0.273

자료: Sacerdote(2007)

홀트아동복지재단을 통해 미국에 입양된 대한민국 출신 아이
들을 추적 조사한 연구가 유명합니다.[2] 양부모가 입양할 아이
를 고를 수 없으므로 아이들은 사실상 무작위로 입양 가정에
배정됐습니다. 입양 자녀는 부모에게 환경만을 제공받고, 친
자녀는 유전과 환경을 모두 받으므로 이들을 비교 분석하는
것입니다.

그 결과, 친자녀들 간의 상관관계는 교육 수준이 0.378, 소
득 수준이 0.277인 데 비해 친자녀와 입양 자녀의 상관관계는
이보다 낮은 0.157(교육), 0.110(소득)입니다(〈1-1〉 참조). 이것은
환경이 동일하더라도 유전 요인이 교육과 소득 수준에 상당히
큰 영향을 주고 있음을 보여줍니다.

친자녀 사이의 키와 몸무게의 상관관계는 각각 0.443,

0.273입니다. 입양 자녀와 친자녀 사이는 상관관계가 훨씬 작습니다. 특히 키는 상관관계가 거의 없고(0.014), 몸무게는 이보다는 살짝 큰 0.044입니다. 당연하게 들리지만, 신체적인 부분은 유전적 요소가 더 크게 영향을 미친다는 의미입니다.

이 논문은 유전이 교육 연한의 44.3%를, 소득의 32.4%를 설명한다고 결론짓습니다.

그렇기에 부모의 역할이 얼마나 중요한지 알 수 있습니다. 자녀는 부모에게서 유전자를 물려받고 부모가 자녀의 어린 시절 환경도 상당 부분 제공하기 때문입니다. 부모를 자기가 결정하는 사람은 없습니다. 어떤 부모를 만났는지도 명백히 운입니다. 그렇기에 "인생 성취의 8할이 운이다"는 전혀 과장된 말이 아닙니다.

성취의 또 다른 척도인 '건강'도 운이 중요합니다. 우선 태어난 나라가 기대수명을 크게 좌우합니다. 그 나라의 소득 수준과 의료 시스템 등이 기대수명에 영향을 주지요.

2017년 존스홉킨스대학교 연구팀은 과학 저널 〈사이언스〉에 18가지 주요 암의 발생 요인을 분석한 논문을 발표했습니다.[3] 크게 유전, 환경, 세포 분열 과정에서 발생하는 우연적 요소가 암 발생 요인입니다.

연구 결과, 암 발생의 50% 이상이 우연에 기인했습니다. 게다가 부모가 물려준 유전도 운이지요. 사람의 노력으로 예방할 수 있는 환경 요인은 4분의 1에도 미치지 않습니다. 결국 사람의 건강도 운이 8할을 좌우합니다.

그럼 나머지 20%는 우리의 노력으로 이루어진 것인가요?

그런데 우리가 노력할 수 있는 힘조차도 사실 상당 부분 타고
난 것입니다. 그렇기에 우리 인생 성취의 대부분은 우리가 스
스로 이루어낸 것이 아닙니다. 제 글을 읽으시는 분들은 아마
도 크고 작은 성취를 이룬 분들일 것입니다. 어렵게 살고 계신
분들은 한가하게 독서할 시간조차 없는 경우가 대부분이겠죠.

아이에게 이렇게 이야기해주셔도 좋겠습니다.

"인생 성공의 8할이 운이래. 우리 가족의 성취도 사실 대
부분 운이야. 우리의 힘으로만 이룬 게 아니니까 겸손하게 살
아야 해. 그리고 실패했다고 생각해도 좌절하지 말자. 운이 좀
나빴던 것뿐이야. 또 운이 나빴던 사람들을 적극적으로 도우
며 살자꾸나. 혹시 스스로 성취한 것처럼 자랑하는 사람이 있
으면 부러워하지 말고 불쌍히 여기렴. 착각 속에 사는 사람이
니까."

정말 능력만큼 보상받나?

다음으로, 능력주의 사회가 정말 능력만큼 보상하는지 살펴보
고자 합니다. 칠레는 경제협력개발기구OECD 회원국입니다.
칠레대학교와 칠레가톨릭대학교는 칠레의 명문대인데, 인문
계의 경우 경영학과 법학 전공이 인기가 많습니다.

입학 자격은 철저히 시험 성적으로 정해집니다. 이곳을 졸
업한 1.8%가 주요 기업 요직의 41%를, 상위 0.1% 소득자의
39%를 차지합니다.

우리나라 상황과 비슷하지 않나요? 우리나라도 시가총액

상위 30개 기업 임원의 25%가 서울대·연대·고대 출신입니다. 여기까지는 능력 뛰어난 사람이 더 많이 보상받는다는 원칙이 틀린 것 같지 않아 보입니다.

세스 지머먼Seth Zimmerman 예일대학교 교수의 연구는 명문대 진학의 과실이 특정 집단에 집중되는 충격적인 진실을 마주하게 합니다.[4] 〈1-2〉는 매우 작은 점수 차이로 명문대에 아슬아슬하게 입학한 학생과 탈락한 학생이 졸업 뒤 상위 0.1% 고소득자 혹은 기업 임원이 될 확률을 보여줍니다.

이렇게, 다른 특성들은 매우 비슷하나 특정 사건(입학 커트라인)으로 운명이 바뀐 사람을 분석하는 것을 '회귀 불연속 설계Regression Discontinuity Design'라고 합니다.

윗줄 왼쪽 그림(Ⓐ)부터 확인해보겠습니다. 각 점은 고소득자가 될 확률을 입시 점수별로 살펴본 것입니다. 가운데 세로선이 명문대 입학 커트라인입니다.

간발의 차이로, 아깝게 탈락한 학생은 세로 선 바로 왼쪽에 있고 운 좋게 합격한 학생은 세로 선 바로 오른쪽에 있습니다. 세로 선 바로 양옆에 있는 학생들은 대입 시험 점수 차이가 거의 없어 능력은 비슷합니다. 유일한 차이는 커트라인으로 인한 명문대 합격 여부입니다. 그래서 명문대 합격이 인생에 어떤 영향을 주는지 볼 수 있죠.

'명문대 효과'는 사립고 출신 남성에게

〈1-2〉에서 Ⓐ와 Ⓑ는 상위 0.1% 고소득자가 될 확률을 성별

1-2. 명문대에 아슬아슬하게 입학한 학생과 탈락한 학생

졸업 뒤 상위 0.1% 고소득자가 될 확률

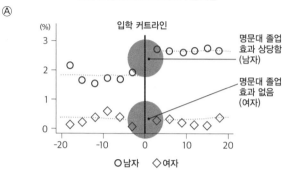

Ⓐ

입학 커트라인

명문대 졸업
효과 상당함
(남자)

명문대 졸업
효과 없음
(여자)

○남자　◇여자

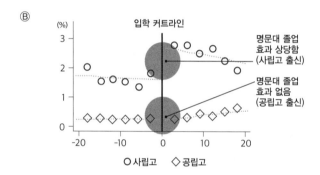

Ⓑ

입학 커트라인

명문대 졸업
효과 상당함
(사립고 출신)

명문대 졸업
효과 없음
(공립고 출신)

○사립고　◇공립고

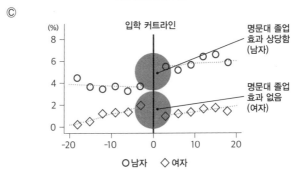

ⓒ 기업 임원이 될 확률

- (%) 8, 6, 4, 2, 0
- 입학 커트라인
- 명문대 졸업 효과 상당함 (남자)
- 명문대 졸업 효과 없음 (여자)
- -20, -10, 0, 10, 20
- ○ 남자   ◇ 여자

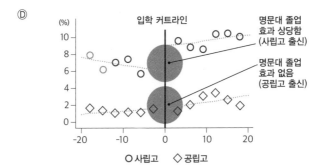

ⓓ

- (%) 10, 8, 6, 4, 2, 0
- 입학 커트라인
- 명문대 졸업 효과 상당함 (사립고 출신)
- 명문대 졸업 효과 없음 (공립고 출신)
- -20, -10, 0, 10, 20
- ○ 사립고   ◇ 공립고

자료: Zimmerman(2019)

및 출신고별로 살펴본 것입니다.

명문대 입학은 고소득자가 될 확률을 50%가량 상승시킵니다(1.4%에서 2.1%로 증가). 그런데 이 효과는 남자에게서만 발견됩니다. 여성이 고소득자가 될 확률은 남자보다 낮고, 명문대에 진학하더라도 그 확률은 변하지 않습니다.

ⓑ는 출신 고등학교별로 나눠본 것입니다. 학비가 비싼 명문 사립 고등학교를 나온 학생, 일반 공립 고등학교를 나온 학생을 비교해봤습니다. 놀랍게도 명문대 진학 효과는 사립 고등학교를 나온 학생에게서만 나타납니다.

ⓒ와 ⓓ는 기업 임원이 될 확률을 분석한 것입니다. 마찬가지로 명문 사립 고등학교 출신 남자만이 명문대에 진학한 효과를 독차지한다는 걸 보여줍니다.

칠레의 연구는 인생의 성공에 운이 크게 작용한다는 점을 다시 한 번 확인해줍니다. 시험 점수 1점 차이로 고소득자가 될 확률이 50%나 증가하니까요. 그리고 사회에서의 보상이 결코 능력에 따라 균등하게 이뤄지지 않는 점도 확인할 수 있습니다. 좋은 대학에 진학한 과실이 고소득층 부모를 둔 남자에게만 집중되니까요.

이것이 과연 칠레만의 일일까요? 안타깝게도 우리나라는 개인정보보호법에 막혀 이런 분석을 할 자료를 정부가 제공하지 않습니다. 하지만 많은 사람이 서울대학교 진학의 효과가 인생에 얼마나 강력한 영향을 미치는지 알고 있을 것입니다. 그리고 그 과실은 일부 명문고 출신에 집중됐을 가능성이 있습니다.

차갑고 닫힌 마음, 능력주의 믿음의 부작용

저의 코넬대학교 동료인 로버트 프랭크Robert Frank 교수는 2016년에 낸 책 《실력과 노력으로 성공했다는 당신에게》에서 크게 성공한 사람들은 자신이 모든 것을 스스로 해냈다고 믿는 경향이 있음을 지적합니다.[5]

그 부작용이 큽니다. 자기 성취가 스스로 이룬 것이라 믿을수록 세금 납부에 더 적대적입니다. 정부와 사회가 도와준 것이 별로 없다고 생각하죠. 그리고 실패한 사람을 운이 나쁘기보다는 노력하지 않은 사람으로 인식하므로, 이들을 돕는 일에도 소극적입니다. 하지만 국가가 개인의 성취에 미치는 엄청난 영향력을 생각할 때 이런 믿음이 타당하다고 할 수 없습니다. 오늘의 내가 될 수 있던 것은 8할 이상이 공동체와 다른 사람 덕분입니다.

그런 의미에서 저는 하버드대학교의 마이클 샌델Michael Sandel 교수가 그의 책 《공정하다는 착각》에서 제시한 제비뽑기에 의한 대학 입시 방안도 충분히 고려해볼 수 있다고 생각합니다.[6]

명문대 지원 학생 중 합격자 대비 3배수 정도는 우열을 쉽게 가리기 어려울 만큼 모두 훌륭합니다. 이들을 더욱 촘촘히 줄 세우기보다 제비뽑기로 입학시킨다면, 본인 인생에 얼마나 운이 크게 작용하는지, 성공이 스스로 얻은 게 아님을 알게 되겠죠. 명문대생의 태도와 인식을 바꾸는 건 우리나라가 장기적으로 복지국가로 가는 데 도움이 될 터입니다.

저는 몇 년 전 학자로서 첫 직장이었던 코넬대학교를 사직

했습니다. 아이비리그의 교수직을 스스로 그만두는 결정은 하기 쉽지 않았습니다. 영광스러운 자리를 스스로 박차고 나오는 느낌이지요. 아쉬움이 없었다면 거짓말입니다. 하지만 그 자리에 있을 수 있던 것이 제가 이룬 것 때문만은 아니었다고 생각하니 한결 마음이 편해졌습니다.

국민 성취의 무한한 책임을 진 국가

지금까지 개인의 성취 대부분이 태어난 국가와 가정 환경 같은 운에 달려 있다는 사실을, 그리고 이러한 운이 모두에게 골고루 나누어지는 건 아니라는 사실을 살펴보았습니다. 그런데 국가 입장에서 살펴보면 국민의 성취 대부분을 국가가 결정하고 있음을 알 수 있습니다. 가령, '풍요로운 잘사는 국가' 하나만으로도 국민의 성취 절반이 보장됩니다.

승자 독식 사회는 건강하지 못합니다. 부모를 잘못 만난 불운, 살아가며 맞닥뜨린 이런저런 불운을 극복할 수 있는 환경을 제공하는 것은 국가의 몫이죠. 골고루 나누어지지 못한 운을 좀 더 골고루 나누는 것은 국가의 중요한 역할입니다.

능력주의가 젊은 층을 중심으로 인기 있는 이유는 우리 사회가 능력에 따른 보상을 하지 않으며 공정하지 않다고 생각하기 때문입니다. 실제로 능력주의는 신분을 대물림하던 세습주의에 대한 반발에서 나온 이념입니다. 하지만 우리 사회는 능력에 따라 보상하지 못하고 있습니다.

이 책에서 저는 엄마 배 속에 잉태된 순간부터 삶을 다할 때까지 국가가 어떻게 운 나쁜 사람을 도울 수 있을지 고민해 보고자 합니다. 좋은 부모를 만나지 못한 아이들도, 최선을 다 했으나 직장을 잃게 된 사람들도 행복하게 살 수 있도록 돕는 것은 국가의 책임이라 하겠습니다.

배 속 10개월이 평생을 좌우한다

: 임신 환경의 중요성

30대 초반의 직장인 박지현 씨는 출퇴근이 부쩍 신경 쓰입니다. 최근에 어렵사리 임신에 성공했습니다.

대중교통을 이용하기가 불안합니다. 지하철의 나쁜 공기도 걱정이고 전쟁 같은 출퇴근과 빡빡한 직장 생활에서 오는 스트레스도 걱정입니다. 그렇다고 직장을 그만둘 수는 없습니다. 임신 환경이 아이에게 중요하다는 말은 고릿적부터 들어왔지만 얼마나 조심하면서 살아야 하는지 잘 판단이 서질 않습니다. 지현 씨처럼 걱정하며 오늘을 보내는 임산부가 한 해에 20만 명이 넘습니다.

스페인독감은 태아에게 어떤 영향을 미쳤을까

지현 씨의 고민은 사실 경제학자에게도 중요한 관심 분야입니다. 만일 임신 환경이 태아의 향후 삶에 상당한 영향을 준다면 엄마와 태아를 보호하는 적극적인 정책이 필요하기 때문입니다. 임신 환경이 태아에 미치는 장기적 영향은 100년 전 스페인독감이 대유행할 때 독감에 걸린 엄마에게서 태어난 아이의 삶을 연구한 2006년에 비로소 과학적으로 입증됐습니다.

컬럼비아대학교의 경제학자 더글러스 앨먼드Douglas Almond는, 1918년 가을부터 대유행해 당시 세계 인구 3분의 1에 해당하는 5억 명이 감염되고 최대 5,000만 명이 사망한 스페인독감에 주목했습니다.[1] 그는 임신부의 독감 감염이 태아 삶에 미치는 영향을 미국 인구주택총조사 자료를 활용해 추적 조사했습니다.

독감 감염이 태아 삶에 미치는 영향을 제대로 측정하려면 유전적 요인, 부모 성향, 사회·경제적 수준 등 모든 특징은 비슷한데 오로지 엄마가 독감에 걸렸다는 점만 다른 사람들을 찾아 비교해야 합니다. 그는 미국에서 1918년 8~9월의 독감 사망자는 극소수였으나 10월에 무려 12만 명이 사망했다는 사실에 착안했습니다(〈2-1〉 참조).

팬데믹 직전에 태어난 아이들과 팬데믹 중에 태아인 아이들을 비교한 것입니다. 1918년 9월 이전에 태어난 아이들과 10월 이후 태어난 아이들은 평균적으로 크게 다를 바 없습니다. 하지만 엄마가 임신 중 독감에 걸릴 확률은 매우 다릅니다.

연구 결과는 임신 환경의 중요성을 극적으로 보여줬습니

2-1. 미국의 분기별 독감 사망자 수

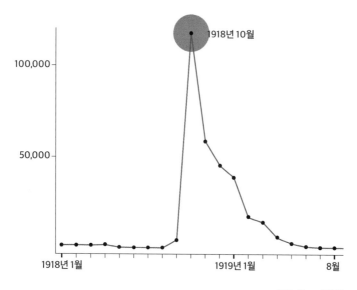

자료: Almond(2006)

다. 〈2-2〉는 출생 연도별 고등학교 졸업률을 표시한 것입니다. 젊을수록 고등학교 졸업 비율이 더 높아지는 것을 볼 수 있습니다. 사회가 발전하니 당연한 일이지요.

그런데 가운데 움푹 파인 집단이 있습니다. 바로 독감 대유행 시기에 태어났던 이들입니다. 이들이 고등학교를 졸업한 비율은 독감 대유행 전후에 태어난 아이들에 비해 상당히 낮

2-2. 미국의 출생 시기별 고등학교 졸업 비율

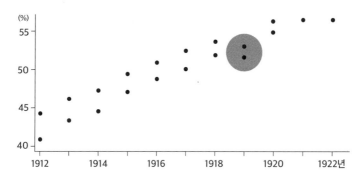

자료: Almond(2006)

2-3. 1980년 미국의 출생 시기별 신체장애 비율

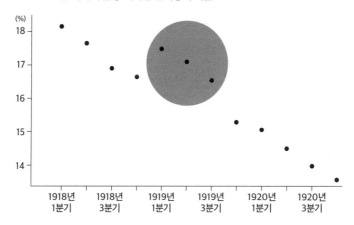

자료: Almond(2006)

습니다.

60대에 어떻게 되었을까요? 〈2-3〉은 출생 시기별 1980년
의 신체장애 비율을 보여줍니다. 점들이 오른쪽으로 갈수록
낮아지는 건 나이가 적을수록 장애 비율이 낮다는 걸 보여줍
니다.

여기서도 불쑥 튀어나온 집단이 있습니다. 바로 독감 대유
행 시기에 태아였던 이들입니다. 이들은 독감 대유행 전후에 태
어난 사람들보다 노년기의 장애 비율이 상당히 증가했습니다.

또한 독감 유행은 주별로 크게 달랐습니다. 가령 캔자스주
는 위스콘신주보다 인구당 사망률이 10배가량 높았습니다. 이
렇게 팬데믹 기간에 독감의 영향을 크게 받은 주와 적게 받은
주를 비교할 수도 있었습니다.

결론적으로 임신부가 독감에 걸린 경우 태아의 고등학교 졸
업 가능성은 15% 낮았습니다. 남성의 임금은 5~9% 낮았고,
정부 보조금을 받는 가난한 사람이 될 확률은 15% 높았습니다.

이 결과를 코로나19에도 적용할 수 있을까요? 다행히 코로
나19는 스페인독감과는 많이 다릅니다. 스페인독감은 '사이토
카인 폭풍'(인체에 바이러스가 침투했을 때 면역 물질인 사이토카인이
과다 분비돼 정상 세포를 공격하는 현상) 같은 신체 반응으로 인해
젊은이(25~34세)의 사망률이 현격하게 높았습니다.

반면 코로나19는 젊은 임신부에게 대체로 큰 증상을 일으
키지 않습니다. 또한 100년 전에 비해 지금 우리가 아이들의
회복을 위해 해줄 수 있는 것이 훨씬 많습니다.

이렇듯 임신 환경의 중요성을 암시하는 연구는 사실 이보다

10년 먼저 나왔습니다. 영국 의사 데이비드 바커는 100년의 먼지가 잔뜩 쌓인 병원 출생 기록과 현재 건강 상태를 조사해서 도출한 결과를 1995년 〈영국 의학 저널〉에 발표했습니다.[2]

출생 체중이 큰 태아는 60대가 됐을 때 심혈관 질환과 당뇨병 같은 만성 질환이 현격하게 적게 발생한다는 사실을 발견했지요. 그는 출생 체중이 임신 환경을 보여주는 지표라고 생각했습니다. 그래서 이를 '(성인 질병의) 태아 기원 가설Fetal Origin Hypothesis'이라고 명명했습니다.

이는 한동안 '가설'로 머물 수밖에 없었습니다. 연관성과 인과성은 다른 것이기 때문이죠(〈2-4〉 참조). 노년기 만성 질환 발병이 임신 환경이 아니라 다른 것에 기인했을 수 있습니다. 가령 유전적 요인으로 튼실하게 태어나고, 동시에 좋은 유전자 덕분에 더 건강하게 살 수 있습니다.

엄마 탓일 수도 있습니다. 가령 담배를 피우는 임신부의 아이는 저체중으로 태어날 확률이 높습니다. 흡연자 엄마는 건강·교육 등 다양한 측면에서 아이를 제대로 돌볼 확률이 낮지요. 결국 엄마로 인해 몸무게가 작게 태어나고 성장 발달에 어려움을 겪는 아이는 늙어서도 만성 질환에 걸릴 확률이 높아집니다.

임신 환경과 노년기 질환은 연관성은 있지만 인과성은 없는 셈입니다. 한동안 태아 기원 가설은 심증은 있었으나 정확한 물증이 없었습니다.

2-4. 연관성과 인과성

많은 사람이 연관성과 인과성을 쉽게 착각합니다. 인과성은 A가 B의 직접적 원인이 되는 것입니다. 반면, A가 변할 때 B도 함께 변하는 건 연관성이 있다고 합니다.

그런데 A와 B가 연관성이 있다고 반드시 A가 B의 원인인 것은 아닙니다. 가령 "엄마 배 속 환경에 따라 노년기 건강도 달라진다"(연관성)가 "엄마 배 속 환경이 노년기 건강에 영향을 미친다"(인과성)을 의미하지 않습니다.

아이의 유전적 요인, 엄마 성향 등이 출생 체중과 노년기 건강에 모두 영향을 줄 수 있습니다. 이 경우엔 연관성은 있지만, 인과성이 존재하지 않습니다.

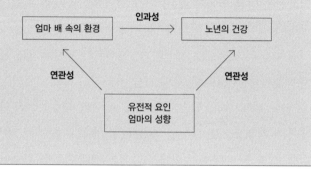

다량의 방사능에 노출됐다면

더글러스 앨먼드는 스페인독감 논문 이후, 체르노빌 사건을 분석해 임신 환경의 중요성을 다시금 보여줬습니다.[3]

1986년 4월 우크라이나의 체르노빌 원자력발전소에서 다량의 방사능이 유출됐습니다. 누출된 방사성물질 중 세슘-137과 아이오딘-131 등이 대기권으로 퍼져나갔습니다. 그리고 이 중 일부가 빗물과 함께 지상으로 떨어지면서 사람에게도 영향을 줬습니다. 서풍이 불었던 탓에 체르노빌 서쪽 지역이 피해를 많이 봤습니다. 사고 당시에는 잘 몰랐지만 수천 킬로미터 떨어진 북유럽의 스웨덴도 피해 영향권에 있었습니다.

〈2-5〉는 체르노빌 사건 당시 스웨덴의 시·군·구별 세슘-137 노출 정도입니다. 방사성물질에 많이 노출된 곳은 진한 색, 적게 노출된 곳은 연한 색으로 표시했습니다.

세슘 노출 정도는 바람 방향과 사건 당시 강수량에 따라 달랐습니다. 가장 불운한 지역은 세슘을 실은 바람이 불면서 동시에 비가 내린 곳이었습니다.

이 불운한 지역의 아이들 인생은 어떻게 달라졌을까요? 출생 체중이나 유소년기 질병에는 별다른 변화가 없어 보였습니다. 그런데 학창 시절부터 차이가 났습니다.

고등학교 입학 시험 합격률이 90%에서 87%로 낮아졌습니다. 중학교 졸업 학점의 전국 평균이 12.78인데, 영향을 많이 받은 지역 아이들의 평균은 12.24였습니다. 가장 차이가 큰 과목은 수학이었습니다. 전국 평균이 11.96인데, 피해 지역 아이들은 11.29였습니다.

2-5. 체르노빌 사건 당시 스웨덴의 시·군·구별 세슘-137 노출 정도

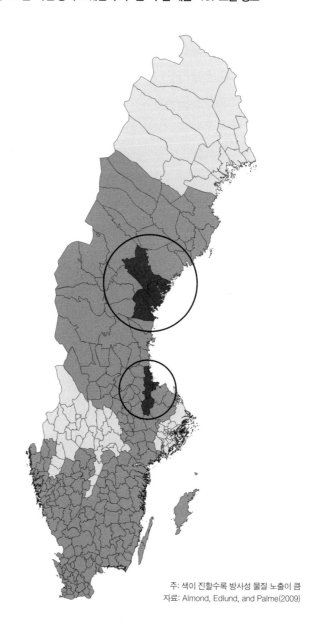

주: 색이 진할수록 방사성 물질 노출이 큼
자료: Almond, Edlund, and Palme(2009)

아버지 학력이 전문대 졸업 이하인 아이들에게 부정적 효과가 집중됐습니다. 반면 아버지가 3년제 이상 대학을 나온 집 아이들은 태아기 방사성 물질 노출로 인한 영향이 거의 없었습니다. 좋은 성장 환경이 방사선 노출의 나쁜 영향을 희석시켰다는 의미입니다.

한국전쟁도 태아의 삶에 큰 영향을 미쳤습니다. 서울대학교 경제학부 이철희 교수는 1951년 전쟁이 한창일 때 한반도 중부 지역에서 태어난 사람들은 학력이 더 낮고 좋은 직업을 가질 확률도 상당히 낮았다고 보고했습니다.[4]

〈2-6〉는 2006년에 조사한 출생 연도별 전문직·비숙련 노동자 비율입니다. 젊은 사람일수록 전문직 종사자 비율이 늘어나고, 비숙련 노동자 비율은 현격하게 줄어드는 것을 관찰할 수 있습니다. 하지만 예외가 존재합니다.

바로 1951년생입니다. 이들은 전후 세대에 비해 전문직 종사 비율이 더 낮고 평생을 비숙련 노동자로 어렵게 산 사람이 유달리 많았습니다. 엄마 배 속에서 치열한 전쟁을 겪은 아이들의 삶은 전쟁 전후에 태어난 아이들보다 더 고달팠습니다.

그런데 독감 감염, 방사성 물질 노출, 전쟁은 너무 극단적인 사건 아닐까요? 그래서 경제학자들은 주변에서 흔히 일어나는 일이 태아의 삶에 어떤 영향을 주는지 연구했습니다.

라마단(이슬람력의 아홉 번째 달로, 해가 뜰 때부터 질 때까지 식사·흡연·음주·성행위 따위를 금함) 관습은 임신기에 불충분한 영양 섭취로 이어지는데, 이에 영향받은 태아는 훗날 장애인이 될 확률이 20%나 높았습니다. 균형 잡힌 영양 섭취는 태아가

2-6. 한국의 출생 연도별 전문직 및 비숙련 노동자 비율(수도권·강원도 출생자)

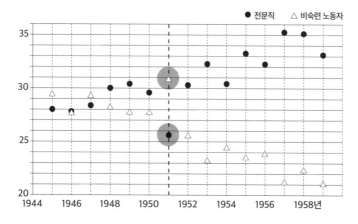

자료: Lee(2014)

장애인이 될 가능성을 줄일 수 있다는 말입니다.[5]

임신 환경은 물질적 요인뿐 아니라 심리적 요인도 중요합
니다. 임신 중에 부모가 돌아가시는 바람에 스트레스를 받은 산
모의 아이는 어떨까요? 청소년기에 주의력결핍과다행동장애
ADHD에 걸릴 확률이 25% 늘고, 성인이 되어 불안장애를 겪
을 확률, 우울증 약을 먹을 확률이 각각 13%, 8% 늘었습니다.[6]

태아를 위한 좋은 정책, 나쁜 정책

좋은 정책은 아이들의 삶을 개선합니다. 1970년 제정된 미국

2-7. 스웨덴의 연도별 일인당 맥주 소비량

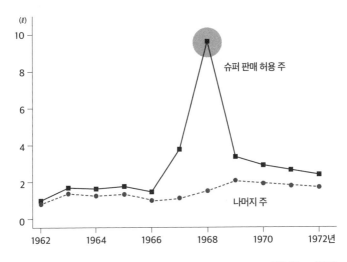

자료: Nilsson(2017)

의 대기오염방지법(《1970 Clean Air Act》)은 획기적인 규제였습니다. 공해 물질 감소에 큰 영향을 미쳤습니다.

법안 도입 뒤 총 부유 입자Total Suspended Particles(공기 중 $100\mu m$ 보다 작은 모든 입자)가 $95.9 mg/m^3$에서 $8 \sim 12 mg/m^3$가량 줄었습니다. 공해 물질이 줄어들어 혜택을 본 태아는 30년 뒤 어른이 되어 소득이 1%가량 늘었습니다. 공해 물질이 뇌 발달에 영향을 주고, 이것이 교육 성과로 이어졌기 때문이지요.[7]

반면 나쁜 정책은 아이들의 삶을 악화합니다. 1967년 스웨덴 정부는 다른 술보다 알코올 함량이 낮은 맥주를 더 장려하려 했습니다. 몇몇 주에서 맥주를 일반 슈퍼에서도 팔 수 있게

했습니다. 결과는 참혹했습니다. 다른 술 소비의 변화는 없었는데, 젊은이들 사이에 도수 높은 맥주의 소비가 무려 5배 늘었습니다(〈2-7〉 참조).[8]

깜짝 놀란 정부는 황급히 정책을 철회했습니다. 하지만 정책을 펼친 시기에 태어난 아이들에게 치명적인 일이 벌어졌습니다. 이들이 고등학교를 졸업한 비율은 전국 평균 83.4%보다 낮은 77.1%였습니다. 대학 졸업 비율도 19.3%에서 16.1%로 줄었습니다. 성인이 됐을 때 임금은 무려 24% 줄었습니다. 이 끔찍한 결과는 소득이 낮은 계층에서 훨씬 더 크게 나타났습니다.

임산부 지원이 부족한 대한민국

이렇듯 임신 환경은 태아의 삶에 지대한 영향을 미칩니다. 태아기는 뇌를 포함한 중요한 장기가 형성되는 시기입니다. 또 부모에게 유전자는 이미 받았지만 후생유전학적 변화가 큰 시기입니다.

최근 연구를 통해 우리는 태아를 바이러스 감염, 음주, 흡연, 영양 불균형, 스트레스, 대기 오염 등에서 지켜주는 것이 얼마나 중요한지 알 수 있었습니다. 그렇게 하지 못할 경우 그 피해는 사회적 약자에게 집중됩니다. 그렇기에 임신한 여성과 태아를 지켜주는 정책은 불평등 개선에도 도움을 줄 것입니다.

그러나 우리나라의 태아 보호 정책은 상당히 미흡합니다. 지현 씨와 배 속 아이는 국가의 보호를 받지 못하고 있습니다.

태아를 위한 정부 지원은 출산 비용 지원이 사실상 전부입니다. 정부 지원이 대부분 출산 이후에 초점을 맞추고 있습니다.

지현 씨에게 무엇이 필요할까요? 직장은 중요한 환경 요인입니다. 우리나라는 선진국 가운데 업무 환경이 가혹한 편이지요. 노동시간이 길고, 출퇴근이 고단하며, 불필요한 회식에도 참여해야 합니다.

업무량과 스트레스를 적극적으로 덜어주는 것이 필요합니다. 그런데 임신 기간에 노동시간 단축은 임신 12주 이내 또는 36주 이후만 가능하고, 하루 2시간뿐입니다. 그조차 눈치가 보이지요.

임신부는 모든 임신 기간에 휴가를 유연하게 쓸 수 있어야 합니다. 최근 육아휴직을 임신 기간에도 쓸 수 있는 제도를 도입한다고 합니다. 긍정적 변화입니다.

여기서 그치면 안 됩니다. 육아휴직 기간을 출산 뒤 1년이 아닌, 임신 뒤 2년으로 하는 것을 고려해야 합니다.

이상적인 사회보장제도를 표현하는 상징적 구호인 '요람에서 무덤까지'는 더 이상 유효하지 않습니다. '엄마 배 속에서 무덤까지'로 다시 쓰여야 합니다.

불행의 대물림을 극복하는 비결

: 아이들에게 투자해야 하는 이유

언론에서 심심치 않게 들려오는 아동 학대·방임 사건은
마음을 아프게 합니다.

2020년 양천구 입양아 학대 사망 사건(일명 '정인이 사건')을 많은
분들이 기억하실 겁니다. 같은 해 경남 창녕에서는 열 살 소녀가
학대와 배고픔을 견디지 못하고 4층 빌라 지붕을 넘어 탈출한 사
건이 있었고, 2021년에는 아빠가 생후 2개월 된 아기를 집어던져
뇌출혈을 일으킨 인천 모텔 영아 학대 사건도 있었죠. 이런 비극
을 막아야 한다는 국민적 공감대가 큽니다.

어린 시절 환경은 얼마나 중요한 걸까

어린 시절 환경은 아이에게 어떤 영향을 미칠까요? 우리 마음을 아프게 한 사건 속 아이들은 어떤 어른의 삶을 살게 될까요? 사회가 아이들에게 좀 더 나은 환경을 제공한다면 이들의 삶에 작은 볕이 들 수 있을까요?

이 질문에 답하기 위해 수많은 경제학자가 노력했습니다. 최근 20년 동안 경제학의 가장 중요한 업적이 무엇인지 제게 묻는다면 "(임신 기간을 포함한) 다섯 살 미만 어린 시절 환경의 지대한 중요성을 밝힌 것"이라고 답하겠습니다.

경제학이 이런 것도 연구하냐며 놀랄 분도 계실 것입니다. 하지만 '어린 시절 환경의 장기 효과'는 최근 경제학의 주요 연구 주제이고, 불우한 어린 시절은 불평등이 대물림되는 가장 중요한 경로라는 것도 밝혀냈습니다.

먼저 편의상 '어린 시절'(영·유아기)을 출생 이후 만 다섯 살까지로 정의하겠습니다. 그 이후에는 아이들이 초등학교에 들어가 매우 다른 환경이 펼쳐지기 때문입니다.

어린 시절 불우했던 이는 성인이 돼서도 어려움을 겪을 확률이 높습니다. 불우한 환경을 이겨내고 일류 대학에 진학한 성공담을 가뭄에 콩 나듯 듣지만 아주 예외적인 경우입니다. 대부분은 고등교육을 받지 못하고 좋은 직장도 갖지 못합니다.

영·유아기와 성인기의 삶은 '연관성'이 있습니다. 성인기에 어려움을 겪는 이유가 반드시 불우한 어린 시절 때문만은 아닙니다. 유전적 요인, 물리적 환경, 친구, 학교 등 수많은 이유가 있습니다.

경제학자들은 영·유아기 환경이 성인기에 미치는 영향, 즉 '인과성'을 증명하는 데 상당한 노력을 기울였습니다. 이를 위해서는 다른 요인은 다 비슷한데 영·유아기 환경만 다른 사람들을 찾아서 비교해야 합니다.

예컨대 지난 수십 년 동안 공중보건, 공기 질, 의료 서비스 등 아동 건강에 영향을 주는 환경은 지속적으로 개선됐습니다. 이런 상황을 '자연 실험'이라고 합니다. 한번에 개선할 수는 없어, 지역과 시기에 따라 순차적으로 이뤄졌습니다. 이는 아동기 건강과 환경의 영향을 측정하는 데 도움을 줍니다. 개선된 지역과 나중에 개선된 지역을 비교하는, 이른바 '이중차분법Difference-in-Differences'을 써서 분석할 수 있기 때문입니다 (〈3-1〉 참조).

먼저 건강한 환경의 효과를 알아보기 위해 공중보건 개선 사업을 살펴보겠습니다.

1920년대 미국, 1950년대 브라질·콜롬비아·멕시코 등 남미 국가들에서 대대적인 말라리아 박멸 사업을 했습니다. 디디티DDT라는 대단한 살충제를 개발한 덕분이죠. 어린 시절 말라리아 박멸 사업의 혜택을 본 지역 아이들은 성인이 돼서 임금이 크게 올라, 미국은 약 12%, 남미 국가들은 평균 25%에 달했습니다.[1]

또 다른 연구에선 말라리아 박멸 사업 지역 학생들의 성적이 크게 올랐습니다. 말라리아는 뇌에 작용해 인지·운동 기능 발달을 저해할 수 있는 중증 질환이기에, 학업 성취와 임금에도 영향을 줍니다.[2]

3-1. 무작위 통제 실험과 자연 실험

'무작위 통제 실험Randomized Controlled Trial'은 인과성을 증명하는 가장 좋은 방법입니다. 코로나19 백신의 효과를 증명할 때 쓰이는 방법이지요. 연구자가 실험 참가자 중 무작위로 백신을 맞을 집단(처치군)과 맞지 않을 집단(대조군)을 정합니다.

여기서 무작위가 중요한데요, 집단을 무작위로 선정하면 이 둘은 사실상 모든 특성이 거의 비슷한 동일한 집단이 됩니다. 그리고 효과가 있을 것으로 예상되는 백신을 처치군에 접종한 뒤, 양쪽 집단의 코로나 발병 정도를 비교하는 것이지요. 두 집단의 유일한 차이는 치료군에만 연구자가 처치를 한다는 점입니다. 효과가 검증되지 않은 코로나19 백신의 효과를 증명할 때는 이런 접근법이 반드시 필요합니다.

사회과학에서도 이러한 무작위 통제 실험을 실제 현실에서 구현하곤 합니다. 이를 '현장 실험Field Experiment'이라고 부릅니다. 우리나라에는 핀란드에서 실업자를 무작위로 선정해 월 70여 만 원을 2년간 지원한 기본 소득 실험이 잘 알려져 있습니다.

그런데 연구자가 임신 중 환경을 인위적으로, 그것도 무작위로 나쁘게 혹은 좋게 만드는 일은 사실상 불가능합니다. 그래서 현실에서 실제로 벌어지는 우연한 사건 가운데 임신 중 환경에 영향을 주는 것을 잘 찾아내, 영향을 (많이) 받은 사람과 그렇지 않은 사람을 비교합니다. 연구자가 개입하는 것이 아니므로, 이를 '자연 실험Natural Experiment'이라고 합니다.

앞 장에서 소개한 스페인독감과 체르노빌 사건은 임신 중 환경의 영향을 살펴볼 수 있는 자연 실험 상황입니다. 한국전쟁, 라마단, 임신 중 부모 사망, 미국의 대기오염방지법, 맥주의 동네 슈퍼 판매 허용은 모두 자연 실험 상황입니다. 정부에 의해 개선된 공중보건, 공기 질, 의료 서비스 등도 아동기 환경의 장기적 영향을 이해할 수 있게끔 도와주는 자연 실험 상황입니다.

유해 물질에 노출되지 않는 것도 중요합니다. 주유소에서 '무연' 휘발유라는 문구를 한 번쯤 보셨을 것입니다. 원래는 기술적 이유로 납을 첨가한 '유연' 휘발유를 사용했는데, 많은 과학자가 납의 유해성을 지적하자 선진국에서는 1970년대에 유연 휘발유를 퇴출시켰습니다.

최근 스웨덴에서 이뤄진 한 연구는 유연 휘발유 퇴출로 공기 중 납의 농도가 줄어들고, 이것이 학업 성취와 임금 증가로 이어졌다는 걸 밝혔습니다.[3]

가정 환경도 중요합니다. 어린 시절 부모의 소득이 늘면 교육과 건강에 더 투자할 여력이 생깁니다. 코코아의 국제가격이 오르면 아프리카 가나의 코코아 재배 지역 아이들이 혜택을 입습니다. 어린이들은 정서적으로 안정되고, 어른이 된 후 스트레스가 적은 삶을 삽니다.[4] 노르웨이가 생산하는 북해 브렌트유 가격이 오르면 노르웨이 어린이들의 인지 기능과 학업 성취가 올라갑니다. 그 혜택은 저소득층에서 훨씬 크게 나타납니다.[5]

학대와 방임의 영향은 어떨까요? 미국 자료를 분석해보면 학대를 경험한 아이들은 지능지수가 5% 정도 낮고, 직장을 가질 확률도 50%나 줄어듭니다(연관성). 취업해도 임금이 평균 24% 정도 낮습니다.[6] 하지만 유년기의 학대가 성인기 불우한 삶의 유일한 이유는 아닙니다.

이 아이들은 학대 외에 성장 과정에서 수많은 불리한 환경(가난, 폭력, 나쁜 친구)을 함께 경험했을 것입니다. 그래서 이 질문에 대해서는 인과성을 밝혀내기가 어렵습니다.

저소득층에서 훨씬 큰 영·유아 조기교육의 효과

그래서 경제학자들은 양질의 영·유아 교육Early Childhood Education 프로그램 효과를 살펴봤습니다. 대표적인 사람이 시카고대학교의 제임스 헤크먼James Heckman 교수입니다. 헤크먼 교수는 다양한 정책 평가에 사용되는 계량경제학 방법을 발전시킨 공로로 2000년 노벨 경제학상을 받았죠.

구직자의 직업교육 프로그램 효과 같은 노동시장 정책을 주로 분석하던 그는, 노벨상 수상 이후 연구 분야를 바꿔 영·유아와 아동 환경 연구를 시작했습니다. 헤크먼 교수가 이뤄낸 지난 20년의 성과는 그가 두 번째 노벨 경제학상을 받는다고 해도 놀랍지 않을 정도입니다.

대표적 영·유아 프로그램은 1964년 존슨 정부가 '빈곤과의 전쟁'의 일환으로 도입해 지금까지도 이어지고 있는 '헤드 스타트Head Start 프로그램'입니다. 이 프로그램의 특징은 영·유아기에 저소득층(대부분 만 3~4세 자녀가 있는 흑인 가정)을 대상으로 영양·보건·보육 문제를 다룹니다. 부모를 적극적으로 참여시키고 가정 방문도 자주 합니다. 우리나라에서는 이를 본떠 2007년부터 '드림 스타트Dream Start 프로그램'을 도입하기도 했습니다. 1960년대 미국 미시간주에서 저소득층을 대상으로 실시한 '페리 프리스쿨 프로그램Perry Preschool Program'과 이와 유사한 노스캐롤라이나주의 'ABC/CARE 프로그램The Carolina Abecedarian Project and the Carolina Approach to Responsive Education'도 있습니다.[7]

이들 프로그램은 효과를 평가할 수 있도록 '무작위 통제

3-2. ABC/CARE 프로그램 효과

	여성		남성	
	대조군 평균	참여자 평균 효과	대조군 평균	참여자 평균 효과
PIAT 점수	95.63	+4.92	93.46	+7.7
고등학교 졸업률	0.51	+0.25	0.16	+0.07
대학교 졸업률	0.08	+0.13	0.12	+0.17
30세 기준 소득 (달러)	23,443.42	+2,547.50	29,340.31	+19,809.74

자료: García et al.(2020)

실험'을 했습니다. 즉, 지원자 중 프로그램에 참여할 사람을 제비뽑기로 결정한 뒤 이들을 40년 넘게 추적 조사했습니다.

헤드 스타트의 효과는 상당했습니다. 참여자는 청소년기에 범죄에 가담할 확률이 낮았습니다.[8] 성인이 되어 비만 및 우울증 등의 건강 문제도 줄었습니다.[9]

페리 프리스쿨 프로그램의 수혜자도 학업 성취, 취업 여부, 소득, 결혼 여부, 건강, 범죄 모든 영역에서 훨씬 나은 삶을 살았습니다.[7,10] 프로그램 도입 당시에는 지능지수 같은 인지 기능에 좀 더 주안점을 두었습니다. 그러나 놀랍게도 이러한 결과는 인지 기능보다 자존감, 참을성, 정서적 안정 같은 비인지 기능Non-cognitive skill에서 기인했습니다.[11]

ABC/CARE 프로그램도 큰 효과를 보여줬습니다(〈3-2〉

참조). 초등학교 1학년 즈음에 실시한 PIAT Peabody Individual Achievement Test 점수가 여학생은 95.6점에서 4.9점 상승했고, 남학생은 93.5점에서 7.7점 상승했습니다. 고등학교와 대학교를 졸업할 확률도 크게 늘었습니다.[12]

30세 때의 소득은 특히 남자에게서 많이 증가했습니다. 남자 대조군의 평균 소득은 2014년 기준 2만9,340달러(약 3,000만원)인데 처치군의 평균 소득은 이보다 1만9,809달러 많았습니다. 임금이 무려 68%나 늘어났습니다. 고혈압, 고지혈증, 비만이 될 확률도 크게 낮았습니다.

비인지 기능의 중요성

그런데 이러한 영·유아 조기교육 프로그램은 성적 개선 효과가 비교적 제한적입니다. 유일하게 성적이 상승한 것은 ABC/CARE 프로그램인데, 이마저도 단기적으로만 나타났습니다. 그러면 임금과 건강에 미치는 주요 요인은 무엇일까요?

이 질문에 답하기 위해 사람을 성공적인 삶으로 이끄는 중요한 요소가 무엇인지 알아낸 헤크먼 교수의 연구를 살펴보겠습니다.[13] 성공적인 삶을 몇 개의 변수로 간단히 정의하는 것은 어려운 일이지만 임금 수준, 교육 연한, 건강, 안정적 가정 생활 등을 그 척도로 잡았습니다.

헤크먼 교수의 연구 결과는 인지 기능과 더불어 그동안 우리가 소홀히 여겼던 자존감, 자기 효능감, 참을성(끈기), 성실성, 개방성, 정서적 안정, 스스로 자기 삶을 통제할 수 있다는

3-3. 인지 기능과 비인지 기능에 따른 임금 수준

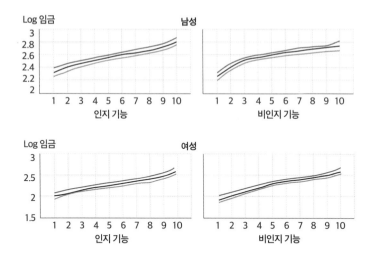

자료: Heckman, Stixrud, and Urzua(2006)

믿음 같은 비인지 기능의 중요성을 보여줍니다. 페리 프리스 쿨 프로그램이 보여준 것처럼요.

〈3-3〉는 인지 기능(왼쪽)과 비인지 기능(오른쪽)이 임금에 미치는 영향을 나타냅니다. 미국 사례로, 첫 번째는 남성, 두 번째는 여성입니다. 인지·비인지 기능이 높아질수록 임금이 상승합니다.

주목할 부분은 인지 기능 못지않게 비인지 기능도 중요하다는 점입니다. 가령 끈기 있는 학생은 교육에 더 투자할 수 있습니다. 그 결과 임금도 증가하지요. 성격 좋은 사람은 회사 생활을 더 잘하지요. 인지·비인지 기능은 또한 상보적입니다. 이를 모두 갖춘 사람이 사회에서 인정받고 성공할 확률이 훨씬 높지요. 이런 형태는 교육·건강 분야에서도 동일하게 드러납니다.

요약하면 영·유아 조기교육 프로그램의 효과는 상당 부분 비인지 기능 상승으로 나타났습니다. 모든 영·유아 프로그램에서 공통으로 발견되는 장기적 효과의 비결입니다.

어린 자녀에 대한 우리 사회의 투자는 학원과 과외 수업 등 인지 기능을 높이는 데 집중되어 있습니다. 하지만 저소득층 아이들을 가난의 대물림에서 구하려면 성적 향상보다는 자존감과 참을성 등 비인지 기능을 개선하는 노력을 반드시 병행해야 합니다.

장기적 효과의 비결

영·유아 프로그램부터 직업교육까지 평생 인적 자본을 연구한 헤크먼 교수는 그 결과를 집대성해, 삶의 주기에 따라 인적 자본 투자의 비용 효과성을 살펴봤습니다. 그것이 바로 유명한 '헤크먼 곡선Heckman Curve'입니다(〈3-4〉참조). 헤크먼 곡선은 임신기·아동에 대한 초기 투자가 직업교육 같은 성인기 투자보다 비용 면에서 더 효과적이라는 사실을 보여줍니다.

저소득층 아이들은 다양한 위험에 노출돼 있습니다. 가난의 대물림은 어린 시절부터 시작합니다. 양질의 영·유아 프로

3-4. 헤크먼 곡선

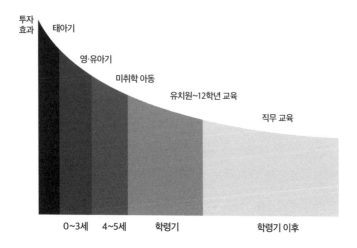

그램 제공은 아이들을 보호할 뿐만 아니라 불평등을 개선할수 있습니다. 아이를 위한 투자는 정치적 견해 차이가 적은 편으로, 사회가 비교적 쉽게 합의해 추진할 수 있습니다. 국가는아이들의 미래에 우선 투자해야 합니다.

경제학이
필요한
순간°

워킹맘과 전업주부의
갈림길에서

: 양육 방식을 선택할 수 있는 자유

일하는 엄마(워킹맘)와 전업주부 사이에서
갈등하는 엄마들이 무척 많습니다.

저희 집도 맞벌이 가정입니다. 아내는 입버릇처럼 "내가 무슨 부
귀영화를 누리려고 이렇게 귀여운 아이들을 두고 일하러 나가야
하는지 모르겠어"라고 푸념하곤 합니다. 맞벌이가 혹시라도 아이
들에게 부정적인 영향을 주지는 않을까도 걱정합니다.

일하는 엄마의 영향

일하는 엄마는 아이들에게 과연 어떤 영향을 미칠까요? 물론 여성의 노동시장 참여 결정에 아이에게 미치는 영향만을 고려해서는 안 됩니다. 하지만 이 문제가 많은 가정의 주된 질문이므로, 이에 국한해 논의해보겠습니다.

일하는 엄마는 크게 2가지 측면에서 자녀에게 영향을 줍니다. '소득'과 '시간'입니다. 엄마가 일을 하면 대개 소득이 증가하고 자녀와 보내는 시간은 감소합니다. 이 두 채널이 상호작용을 해서 자녀에게 영향(워킹맘 효과)을 주는 것입니다.

먼저 '소득 효과'입니다. 엄마가 돈을 벌어오니 가정의 수입이 늘어나고, 이로 인한 가정의 재정적 여유가 아이에게 긍정적인 영향을 미칠 수 있죠. 엄마가 더 많은 돈을 번다면 워킹맘의 긍정적 효과도 더 커집니다. 소득은 한계효용체감의 법칙을 따릅니다. 가령 아빠의 소득이 100만 원인 상황과 1,000만 원인 상황에서 엄마의 소득이 가지는 의미는 각각 다릅니다. 아빠의 소득이 매우 높은 가정에서 맞벌이보다 전업주부가 많은 것은 이런 이유 때문입니다.

다음은 '시간 효과'입니다. 엄마가 노동시장에 참여하면 아이와 함께하는 시간이 줄어들게 마련입니다. 이로 인한 영향은 엄마의 (육아) 능력과 엄마 부재 시 아이가 하는 활동에 따라 달라집니다. 아이와 양질의 시간을 보낼 수 있는 엄마가 일을 하면 (그렇지 않은 엄마에 비해) 아이는 잃는 게 더 많아집니다. 엄마가 일하는 동안 아이는 어린이집 같은 보육시설에서나 조부모나 돌보미 등과 시간을 보내게 됩니다. 그래서 어린이집, 조부모, 돌보미 등의 적극적 도움이 있다면 부정적 영향을 최소화할 수 있을 것입니다.

마지막으로 아이의 특성입니다. 가령 발달장애가 있어서 적극적 개입이 필요한 아이는 주 양육자와 일대일로 보내는 양질의 시간이 더 큰 도움이 될 것입니다.

그렇다면 이런 워킹맘Working-Mom 효과를 어떻게 측정할 수 있을까요? 단순히 일하는 엄마와 전업주부의 자녀를 비교하면 될까요? 그렇지 않습니다.

워킹맘과 전업주부는 직업 유무뿐만 아니라 서로 다른 점이 많습니다. 그렇기에 아이의 성취도 차이가 엄마의 직업 유무 때문인지 다른 특성의 차이 때문인지 구분할 수가 없습니다. 학력, 경제 사정, 육아 가치관, 일에 대한 열정 및 성취 동기 등도 제각각 다릅니다. 단순 비교는 그 한계가 큽니다.

경제학자들은 답을 구하기 위해 머리를 굴렸습니다. 연구를 위한 가장 이상적인 방법은 엄마들을 무작위로 워킹맘과 전업주부로 배정하는 것입니다. 하지만 이러한 일은 북한에서조차 불가능하겠죠. 그렇게 해서 찾은 방법이, 정책이 변함으로써 벌어지는 '자연 실험' 상황을 연구하는 것입니다.

어린이집이 대폭 늘어났더니

1970~1980년대 유럽에서는 어린이집 수가 대폭 늘었습니다. 이전까지 대부분 가정에서 자라던 영·유아들이 낮 시간에 보육시설에서 조기교육을 받게 되었죠. 이런 변화는 긍정

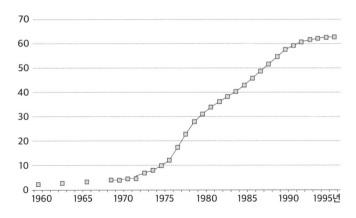

4-1. 노르웨이 3~6세 아동의 어린이집 등원률

자료: Havnes and Mogstad(2011) 재구성

적 효과를 낳았습니다. 가령 노르웨이는 1970년대부터 대대
적으로 5세 미만 영·유아 교육에 투자했습니다. 1970년 이전
에는 조기 영·유아 교육을 받는 아이들이 5%도 되지 않았으
나 1990년대에 이르자 60%를 상회했습니다(〈4-1〉 참조).

이 프로그램은 지역별로 다르게 확대되었습니다. 특정 지
역에서는 프로그램을 크게 확대한 반면, 일부 지역은 비교적
적게 혜택을 받았습니다. 그 두 지역에서 자란 아이들을 25년
넘게 추적 조사해보니, 차이가 발견되었습니다.[1]

4-2. 유치원 및 어린이집 영·유아 수 추이

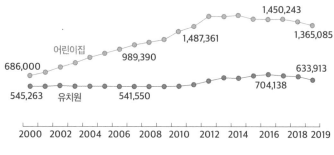

자료: 육아정책연구소 〈2019 영·유아 주요 통계〉

보육시설의 혜택을 많이 받은 지역 아이들은 그렇지 않은 지역 아이들에 비해 어른이 되었을 때 교육 연한, 대학 진학률, 소득이 모두 상승했습니다.

우리나라도 2000년대 들어 보육시설을 이용하는 영·유아의 수가 크게 증가했습니다. 유치원이나 어린이집을 다니는 미취학 유아가 2001년 123만 명 수준에서 2019년 약 200만 명으로 늘어났습니다(〈4-2〉 참조).

태어난 아동이 줄어든 것을 고려하면 증가 폭은 더 큽니다. 2019년 12월을 기준으로 영·유아 인구수 대비 어린이집 취원 비율은 0세 20%, 1세 81%, 2세 91%입니다. 돌을 지난 거의 모든 아이들이 보육시설을 이용하고 있습니다.

　노르웨이의 연구 결과만 본다면, 엄마는 노동시장에 참여하고 아이들은 모두 어린이집에서 조기 영·유아 교육을 받으니 모두에게 긍정적인 변화를 가져왔을 것이라고 추정해볼 수 있습니다.

집에서 아이들을 돌볼 권리

그런데 대다수가 아이를 어린이집에 보내게 되자 이 방식에 대한 비판적 의견이 대두했습니다. 엄마가 집에서 아이를 돌볼 권리도 보장해야 한다는 것이죠.

　1990~2000년대 초반 유럽에서는 영·유아 보육 정책에 변화가 일었습니다. 보육시설 이용뿐 아니라 가정 보육에도 국가 예산을 지원하기 시작한 겁니다. 엄마가 아이를 집에서 돌보는 경우 충분한 양육 수당을 주기 시작했습니다.

　1998년 노르웨이 정부는 만 3세 이하 아동의 엄마들이 집에서 아이를 돌볼 권리도 보장해야 한다고 판단했습니다. 어린이집에 아이를 보내지 않고 집에서 키우기로 한 가정에 현금 보상을 크게 확대했습니다.

　아이 1명당 연간 3만6,000노르웨이크로네(약 480만 원, 물가상승률을 고려하면 현재 기준으로는 약 900만 원)의 혜택을 주었습니다. 이로 인해 많은 엄마가 직장을 그만두었습니다. 반면, 아빠의 노동시장 참여율에는 변화가 없었습니다.

　이 정책을 실행할 당시 연구자들은 3세 이하 아동 중 7~10세

초등학생 형제자매가 있는 가정을 들여다보았습니다.[2] 동생의 양육을 위해 일터 대신 집에 오래 머물게 된 엄마와 덩달아 시간을 많이 보낼 수 있게 된 아이들이죠.

그 형제자매가 고등학생이 되었을 때의 성적을 분석해본 결과, 초등학생일 때 엄마가 집에 있었던 아이들이 초등학생일 때 엄마가 직장에 나갔던 아이들에 비해 평균 학점이 무려 1.2점이나 높았습니다.

독일에서도 2006년 이와 유사한 정책을 도입했습니다. 2세 미만 아동을 집에서 돌볼 때 월 150~300유로(약 20만~40만 원)를 지급하는 것이었는데요, 이는 당시 평균적인 가정 소득의 10%가 넘을 만큼 큰 금액이었습니다.

이로 인해 여성의 노동 참여가 줄고 집에서 아이를 키우는 엄마가 크게 늘었습니다. 아이의 성장과 발달에는 어떤 영향을 미쳤을까요? 아이들의 사회성 발달에 긍정적인 영향을 미쳤다는 연구 결과가 있습니다.[3] 흥미롭게도 이러한 효과는 남자아이에게서 주로 나타났습니다.

그런데 한 가지 의문이 듭니다. 앞서 1970~1980년대 어린이집 확대가 아이들의 성적을 높였다고 했습니다. 그런데 1990년대 들어 엄마가 집에서 아이를 돌보도록 유도했는데 성적이 높아졌다니요?

이유는 다음과 같이 설명할 수 있습니다. 1970년대 양질의 영·유아 교육 도입은 아이들의 성장과 발달에 '평균적으로' 긍정적인 영향을 주었습니다. 특히 집에서 제대로 된 돌봄이 이루어지기 어려운 저소득층 가정을 중심으로 효과가 컸습니다.

하지만 '평균적으로'라고 말했습니다. 모두에게 긍정적인 것은 아니었다는 뜻입니다. 일부 아이들은 보육시설보다 집에서 엄마의 돌봄을 받는 편이 더 나았습니다. 그래서 1990년대 들어 엄마가 집에서 아이들을 돌볼 수 있는 유인이 제공되자, 엄마와 아이들이 집으로 돌아온 것입니다.

각 가정이 부모의 노동시장 참여를 스스로 결정했을 때 아이에게 가장 좋은 결과를 가져왔습니다. 영·유아 돌봄의 무조건적인 시설화는 바람직하지 않습니다. 집에서 아이를 돌볼 권리도 존중해야 합니다.

이 연구 결과는 우리에게 큰 시사점을 줍니다. 우리나라는 오랫동안 집에서 키우느냐, 보육시설에 보내느냐 따라 지원금 차이가 매우 컸습니다.

2021년 기준 만 0세의 보육료 지원 금액은 현재 최대 74만 8,500원인 반면, 집에서 아이를 돌보면 겨우 20만 원을 받습니다. 만 1세의 경우 보육시설 보조금은 최대 65만 8,500원, 양육 수당은 15만 원입니다. 만 2세부터 보조금은 최대 54만 6,000원, 양육 수당은 불과 10만 원이고요. 비정상적인 상황이었죠.

그러나 2023년 우리나라도 '영아 수당'을 '부모 급여'로 전환했습니다. 즉, 어린이집 등원 여부와 상관없이 만 0세는 월 70만 원, 만 1세는 월 35만 원을 지급받습니다. 작은 차이인 것 같지만 중요한 변화입니다.

이렇게 부모가 원한다면 아이를 집에서 돌볼 수 있도록 도와야 합니다. 모든 가정의 구성원이 노동시장 참여와 돌봄 방식을 자유롭게 선택할 수 있어야 사회가 발전합니다. 그리고 이럴 때 아이들의 성취도 극대화됩니다.

육아휴직 확대: 두 마리 토끼를 잡는 비결

한편, 여성의 노동시장 참여 문제는 여성의 자기 성취 및 양성
평등 문제와 연결되어 있습니다. 급격한 고령화가 진행되는
우리나라에서 여성의 노동시장 참여 확대는 필수적입니다. 육
아휴직의 적극적 확대는 엄마가 경력을 희생하지 않으면서 아
이와 보내는 시간도 늘리는, 곧 두 마리 토끼를 잡을 수 있는
비결입니다.

육아휴직 확대는 실제로 아이들에게 긍정적 영향을 끼쳤
습니다. 오스트리아 정부는 1990년 7월 1일생부터 부모가 쓸
수 있는 육아휴직 기간을 12개월에서 24개월로 연장했습니다.

그 결과 6월 30일 직전에 태어난 아이의 부모는 육아휴직
혜택이 종전의 12개월인 반면(대조군), 7월 1일 직후에 태어난
아이의 부모는 육아휴직 24개월을 낼 수 있었죠(처치군).

대조군과 처치군은 사실상 같은 또래인데, 부모 육아휴직
의 혜택이 달랐습니다. 요컨대 특정한 제도의 컷오프가 존재
하므로 비슷한 사람들이 서로 다른 혜택을 받는 상황을 연구
할 수 있었습니다(회귀 불연속 설계법).

연구자들은 이들이 15세 때 실시한 PISA(국제 학업 성취도
평가) 점수를 추적했습니다.[4] 그 결과가 흥미롭습니다(〈4-3〉 참
조). 분석 결과, 변화는 남자아이에게서만 관찰되었습니다. 여
자아이들에게는 별다른 변화가 없었습니다. 그리고 대졸 이상

4-3. 육아휴직을 연장한 어머니의 학력에 따른 남자 자녀의 성적

대졸 이상 어머니

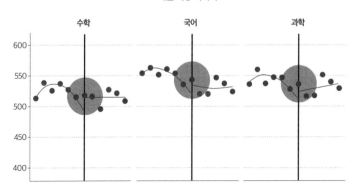

고졸 이하 어머니

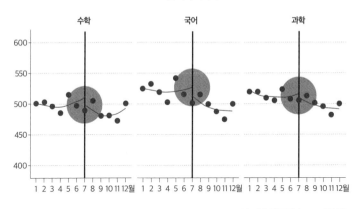

● 1990년 지역 평균 점수 ── 적합값

자료: Danzer & Lavy(2018)

엄마를 둔 15세 자녀의 PISA 점수에 육아휴직 연장이 긍정적인 영향을 미쳤습니다. 가운데 세로 선 오른쪽으로 점수의 상승이 관찰됩니다. 반면 고졸 이하 엄마의 자녀는 엄마의 육아휴직 연장으로 오히려 시험 성적이 떨어졌습니다. 세로 선 오른쪽으로 점수의 하락을 볼 수 있죠.

노르웨이의 연구는 한층 더 긍정적인 결과를 보여줍니다. 노르웨이 정부는 1977년 7월 1일 이후 태어난 아이의 엄마에게 4개월 유급휴가를 주었습니다. 기존 12개월 무급휴가는 유급휴가 기간이 끝난 뒤 그대로 사용할 수 있었고요. 마찬가지로 회귀 불연속 설계법을 사용해서 분석한 결과, 혜택을 받은 아이들의 고등학교 중퇴율이 2% 감소하고 30세의 소득은 5% 증가했습니다.[5]

마지막으로 소개할 나라는 스웨덴입니다. 육아휴직 급여는 출산 전 받는 임금에 비례해서 받습니다. 한 가지 문제는 첫째 출산 이후 육아휴직을 쓰게 되면 아무래도 소득이 줄어든다는 점입니다. 그래서 소득이 낮을 때 임신한 둘째의 육아휴직 급여가 크게 줄었습니다. 부모들의 항의가 이어졌습니다. 스웨덴 정부는 1980년생 아이의 나이 터울이 24개월(1986년부터는 36개월) 이하이면 첫째 출산 이전 직장의 임금에 비례해서 육아휴직 급여를 주는 제도를 도입하였습니다.

이 제도는 나이 터울이 24개월인 아이들과 25개월인 아이들을 비교하는 흥미로운 연구를 가능하게 했습니다.[6] 나이 터울이 24개월이면 육아휴직 급여가 (25개월에 비해) 더 크므로 육아휴직을 더 많이 사용하게 되었습니다. 그 결과, 정책 수혜

아동인 0~2세 아이들의 성취에는 별 영향이 없었습니다. 하지만 이들의 형제에게서 긍정적 영향이 발견되었습니다. 평량평균이 0.6이 증가했고, 대학에 갈 확률이 39.1%에서 3.6%포인트 증가한 42.7%가 되었습니다.

미국은 OECD 국가 가운데 휴직 기간이 가장 짧은 유급 육아휴직 제도를 시행하고 있습니다. 육아휴직 기간이 6주에 불과하죠. 저희 첫아이는 제가 미국 대학 재직 중 태어났습니다. 아내는 6주 만에 직장에 복귀할 수밖에 없었죠. 잠시 한국에서 부모님이 육아를 도와주셨지만 생후 5개월부터 어린이집에 온종일 맡길 수밖에 없었습니다.

다소 예민한 저희 아이는 어린이집을 끝까지 힘들어했습니다. 저희도 힘들었고, 아이에게도 최선이 아님이 분명했으나 다른 방법이 없었습니다. 이때의 기억은 가족 모두에게 상처로 남았습니다. 둘째가 생긴 후 저희가 미국을 떠나 홍콩으로 이직하게 된 중요한 이유입니다.

우리나라의 유급 육아휴직은 현재 임신 중이거나 만 8세 이하 자녀가 있을 경우, 아빠와 엄마가 각각 1년씩 사용할 수 있습니다. 비교적 관대한 편입니다. 하지만 (무급이라 할지라도) 육아휴직을 더 길게 쓸 수 있다면 아이에게 도움이 될 것입니다. 여성이든 남성이든 자신의 경력을 희생하지 않으면서 아이의 잠재력을 최대한 길러줄 수 있는 사회제도가 절실합니다.

아빠에게도
육아 교육이 필요하다

: 아빠의 육아 참여 성공 조건

대한민국 아빠들은 과거에 경험해보지 못한
세상에서 살고 있습니다.

요즘 30~40대 아빠들은 대체로 어린 시절 아빠와 함께 시간을
보낸 기억이 별로 없습니다. 2000년대 초반만 해도 아빠들은 주
중엔 밤늦게까지 일하고 토요일에도 출근해야 했죠. 그런데 불과
20~30년 만에 세상이 바뀌었습니다. 육아에 적극적인 아빠들이
크게 늘었습니다.

육아의 다른 무게

고용노동부 통계에 따르면, 남성 육아휴직자 수는 2017년 1만 2,042명이었습니다. 당시 전체 육아휴직자 9만100명의 13.4% 만 남성이었습니다. 3년이 지난 2020년 통계를 볼까요? 남성 육아휴직자 수가 2만7,423명으로 늘었습니다. 전체 육아휴직 자 11만2,040명의 24.5%입니다. 육아휴직자 4명 중 1명이 남 성입니다.

자녀 돌봄에 대한 남녀 역할 인식도 꽤 바뀌었습니다. 지 난해 4월 여성가족부가 발표한 '2021년 양성평등 실태 조사' 결과에 따르면 "직장 생활을 하더라도 자녀에 대한 돌봄의 일차적 책임은 여성에게 있다"는 인식이 2016년 53.8%에서 2021년 17.4%로 크게 감소했습니다.

물론 아직 갈 길이 멀기는 합니다. 여러 변화가 나타났지 만, 아직은 자녀 돌봄에서 엄마가 감당하는 무게가 여전히 큰 편입니다. 가령 자녀의 숙제·공부 지도 혹은 등하교 동행을 거의 매일 담당하는 엄마는 50~60%에 이르지만, 그런 아빠는 20% 정도에 불과합니다.

〈5-1〉은 OECD 국가에서 엄마 아빠가 (가정에서 가장 어린) 자녀와 하루 동안 보내는 시간을 측정한 결과입니다.[1] 상단은 5세 미만 미취학 연령대 아동, 하단은 학령기 아동을 나타냅 니다. 미취학 시기에는 모든 국가에서 공통적으로 엄마가 아빠 보다 아이와 지내는 시간이 깁니다. 그런데 한국은 그 차이가 다른 선진국에 비해 큽니다. 다행스럽게도 아이들이 학교에 입 학한 이후엔 그 차이가 매우 줄어듭니다.

5-1. 하루 중 가정에서 가장 어린 자녀와 보내는 시간

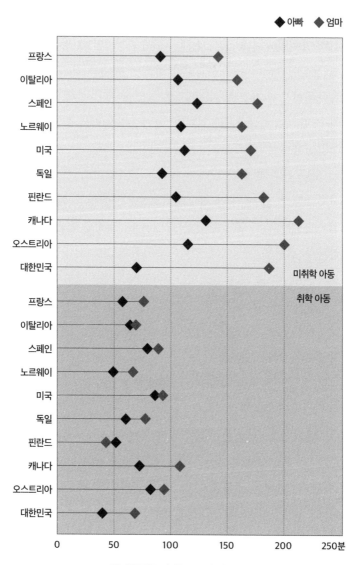

자료: OECD(2017), *The pursuit of gender equality: An uphill battle.*

그런데 아빠의 육아 참여가 모든 경우 반드시 긍정적 효과로 이어질 것이라고 단언하기는 어렵습니다. 만일 엄마의 육아를 그대로 유지한 채 양질의 '아빠 육아'가 추가된다면, 분명 자녀의 성장에 긍정적 효과를 기대할 수 있을 것입니다.

하지만 아빠의 육아 참여가 엄마의 역할을 완전히 대체하거나 오히려 방해한다면, 전체적으로 육아의 질이 낮아질 수도 있습니다. 아빠는 엄마에 비해 일반적으로 육아 능력이 떨어질 확률이 높기 때문입니다.

양성평등 문화가 정착하지 못한 사회에서 아빠의 육아 능력은 더욱 낮을 것입니다. 그래서 대다수 저개발 국가의 '아동 조건부 현금 지급'은 수혜자가 대부분 엄마로 지정되어 있습니다.[2] 아빠에게 지급하면 자녀 양육이 아닌 다른 목적으로 사용할 수 있다는 우려 때문입니다.

'아빠 육아'의 효과는 어떻게 측정할까요? 아빠가 육아에 적극적인 가정과 그렇지 않은 가정을 단순 비교하면 될까요?

아이의 발달에 영향을 주는 요인에는 아빠의 육아 이외에도 사회·경제적 여건, 부모의 특성, 성평등 인식 등 수많은 변수가 있습니다.

그렇기에 아빠의 육아 참여가 높은 가정에서 자라는 아이들의 성장 발달이 더 좋다고 해서 그것이 실제로 아빠의 육아 참여 때문인지 아니면 다른 것의 영향 때문인지는 알 수 없습니다. 그래서 경제학자들은 아빠의 육아 참여에 영향을 주는 '정책'의 변화를 살펴봅니다.

스웨덴의 2012년 육아휴직 정책 변화는 아빠 육아 참여의 효과를 살펴볼 수 있는 귀중한 기회를 제공했습니다. 대부분 국가에서 육아휴직은 대개 부모 둘 중 한 명만 사용하고, 아빠보다는 엄마가 주로 씁니다.

스웨덴도 예외가 아니었습니다. 실제로 2012년 1월 1일 이전 스웨덴 가정에서 엄마와 아빠가 동시에 휴가를 사용할 수 있는 기간은 생후 10일로 한정되어 있었습니다. 그런데 이날 이후 태어난 아이의 가정은 생후 1년간 육아휴직을 하지 않은 부모(주로 아빠)의 경우 30일 휴가를 추가로 받았습니다.[3]

이 휴가는 가정의 필요에 따라서 언제든지 자유롭게 사용할 수 있었습니다. 그 덕에 육아의 긴급한 필요에 대처할 수 있는 여지가 크게 늘었습니다. 실제로 한 가정당 평균 10일 정도 휴가를 사용했습니다.

아빠가 엄마와 함께 아이를 돌볼 수 있는 10일의 힘은 대단했습니다. 엄마가 병원에 입원할 확률이 14% 줄어들었습니다. 정신과 약을 처방받을 확률도 26%나 줄었습니다. 아이 출생 후 첫 1년은 양육 과정이 가장 다사다난할 시기입니다. 가령 육아휴직 중인 엄마가 아프면 아이를 돌보는 일이 여간 어려운 게 아닙니다.

이때 아빠가 집에 달려올 수 있다면 엄마의 병을 키우는 걸 막을 수 있습니다. 또 힘들고 불확실성이 높은 시기에 아빠가 언제든 집에 올 수 있다는 사실은 심리적으로도 큰 도움이 됩니다. 아쉽게도 이 연구에서 아빠의 이런 참여가 아이에게 미치는 영향은 자료 부족으로 살펴보지 못했습니다.

그럼에도 불구하고 스웨덴의 이 연구는 엄마가 이미 육아휴직을 사용하고 있다 할지라도 아빠의 추가적인 육아 참여가 상당히 긍정적인 효과를 낼 수 있다는 걸 시사합니다. 한국도 이런 제도의 도입을 진지하게 고려해볼 필요가 있습니다.

아빠의 육아 '참여'보다 더 중요한 것

하지만 어떤 경우는 아빠의 육아 참여가 엄마의 육아를 방해할 수도 있습니다. 경희대학교 국제학부 한예은 교수 연구팀은 에티오피아에서 생후 3~24개월의 영·유아가 있는 92개 마을의 806개 가정을 대상으로 아이의 성장 부진 예방에 대한 아빠 역할을 검증하기 위한 실험을 진행했습니다.[4]

여기에서 '성장 부진Stunting'이란, 영·유아의 키가 또래 국제기준 이하(표준편차 -2 이하)인 것으로 정의합니다. '2022 세계 식량 안보와 영양 현황'에 따르면 2020년 한국은 5세 미만 발육 부진 아동이 2.2%에 불과하지만 에티오피아는 25%를 훌쩍 넘습니다(북한도 18.2%나 됩니다).

〈5-2〉에서 보듯, 성장 부진은 생후 6개월 이후에 집중적으로 나타납니다. 모유는 영양이 풍부하고 위생적인 반면, 생후 6개월 이후 시작하는 이유식은 그렇지 않은 것이 문제입니다. 불충분한 영양 공급과 비위생적 식수로 인한 설사가 성장 부진의 가장 큰 요인입니다.

엄마를 위한 육아 프로그램은 16주 동안 진행되었습니다. 양질의 위생적인 이유식 요리법을 배우고 실제로 함께 만들어보는 과정이었습니다. 프로그램의 핵심 목표는 영·유아가 다

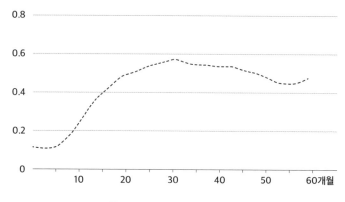

5-2. 2011년 에티오피아 영·유아 개월수별 성장 부진 유병률

자료: Ethiopia Demographic and Health Survey data(2000 and 2011)

양한 영양소를 골고루 섭취하는 것이었습니다.

아빠를 위한 육아 프로그램도 실시됐습니다. 이 프로그램은 12주 동안 이어졌는데, 이유식에 관한 내용뿐 아니라 가정에서 육아를 어떻게 잘 분담할 것인가에 대한 교육도 추가하는 등 아빠의 적극적 육아 참여를 장려했습니다. 재정적으로 어려운 가정이 많아서 매월 1만2,000원 정도의 식품 바우처도 제공했습니다. 에티오피아 평균적인 가정 수입의 20%가 넘는, 적지 않은 금액입니다.

연구팀은 아빠의 육아 참여 효과를 검증하기 위해 마을을 3개 그룹으로 무작위로 나누었습니다(〈5-3〉 참조). 그룹 A에는

5-3. 에티오피아 아빠 육아 프로그램 영·유아 영양소 섭취 다양성 점수

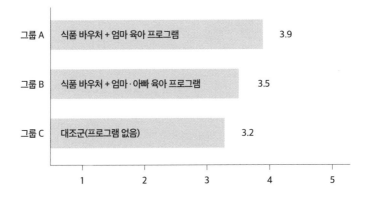

엄마 육아 프로그램과 식품 바우처를 제공했습니다. 그룹 B에는 그룹 A의 프로그램(엄마 프로그램 및 식품 바우처)에 더해 아빠 육아 프로그램을 추가로 제공했습니다. 그룹 C는 아무런 프로그램도 운영하지 않은 대조군입니다.

그룹 C와 그룹 A의 결과를 비교하면, 엄마 육아 프로그램 및 식품 바우처 제공의 효과를 검증할 수 있습니다. 아빠 육아 참여의 효과는 그룹 B와 그룹 A의 결과를 비교하면 알 수 있겠죠. 과연 아빠의 육아 참여는 긍정적 결과를 거두었을까요?

우선 엄마 프로그램과 식품 바우처를 통해 영양 섭취 불균형이 크게 개선된 사실을 발견할 수 있었습니다(그룹 A 대 그룹 C). 영·유아 영양소 섭취 다양성 점수(7점 만점)가 3.2점에서 3.9점으로 20% 이상 상승한 것입니다.

그런데 아빠 프로그램을 추가로 실시한 마을의 영·유아 영양소 섭취 다양성 점수는 3.5점으로, 3.9점보다 오히려 0.4점 줄었습니다(그룹 B 대 그룹 A). 아빠 프로그램이 영·유아의 충분한 영양 섭취를 오히려 방해했다는 겁니다. 어떻게 된 일일까요?

논문은 그 이유를 다음과 같이 설명합니다.

아빠 프로그램을 통해 아빠들은 일정 부분 육아 지식을 얻었지만 여전히 엄마의 수준엔 미치지 못했습니다. 하지만 이런 아빠들이 엄마의 식품 구매 결정에 간섭하면서 엄마의 자율성이 떨어지고 적절한 식품 구매가 이루어지지 않은 것입니다. 실제로 식품 바우처도 아빠의 간섭이 있는 그룹 B에서, 그렇지 않은 그룹 A에 비해 아이들이 주로 소비하는 우유·달걀 같은 유제품 지출이 줄어들었습니다.

우리나라 사람들에게도 이런 아빠에 관한 이야기가 낯설지 않습니다. 한국 청소년 대학 입시의 성공 요건이 "조부모의 재력, 엄마의 정보력, 아빠의 무관심"이라는 우스갯소리가 있죠. 이는 에티오피아에서 진행된 실험 연구의 결과와 일치합니다.

실제로 재력(식품 바우처)과 엄마의 정보력(엄마 교육 프로그램 참여)이 더해지니 아이들의 영양 섭취가 크게 개선되었습니다. 그런데 아빠가 이 과정에 참여하면 목표 달성을 오히려 방해하는 안타까운 상황이 벌어지기도 합니다.

이 연구의 결과는 단순히 아빠의 육아가 엄마를 대체할 수 없다는 걸 의미하지 않습니다. 아빠들에게 육아에 관심을 끄라는 의미는 더더욱 아닙니다. '상대적으로 미숙한' 아빠의 육아 참여 독려가 의도치 않은 부작용을 초래할 수 있다는 뜻입니다. 아빠가 엄마와 비슷한 수준일 때, 아빠의 적극적 육아 참여가 빛을 발할 수 있다는 말입니다.

앞서 언급한 스웨덴의 사례는 엄마가 육아휴직 중인 상태에서 (양성평등 국가에서 자라나 육아 능력이 비교적 높은) 아빠가 육아에 추가적으로 참여하는 상황입니다. 반면 에티오피아 사례는 상대적으로 육아 능력이 낮은 아빠가 엄마를 '간섭'하는 상황이죠.

두 국가는 성 역할과 성 평등에 대한 사회·문화적 인식과 태도가 크게 다릅니다. 한국은 스웨덴에 가까울까요, 아니면 에티오피아에 가까울까요?

아빠의 '간섭'이 아닌 '도움'이 되려면

우리나라에서도 남성의 육아 참여 시간이 점차 늘고 있습니다. 육아휴직 사용률도 높아지고 자녀와 함께 보내는 시간도 많아지고 있죠. 저출생 문제가 심각하다 보니 정부와 기업이 이를 앞장서 장려하기도 하죠. 반가운 일입니다.

하지만 단순히 '참여' 자체만을 강조하는 수준에 그친다면, 앞서 살펴본 대로 가정 안팎에서 육아를 둘러싼 여러 갈등이 불거질 위험이 있습니다. 잘하려는 아빠들을 다그치는 것 같아 미안한 마음이 들지만, '미숙한' 아빠의 육아는 별 도움이

5-4. 출산·육아 교육 모집 예시

행복한 부부 태교 교실

♥ 대　　상 : 관내 예비부모 (임신 20주 이상)
♥ 인　　원 : 선착순 20명
♥ 기　　간 : [1기] 2023. 4. 14. ~ 4. 28. 금 14~16시
　　　　　　사전 접수 4. 3. 9:00 ~
　　　　　　[2기] 2023. 9. 8. ~ 9. 22. 금 14~16시
　　　　　　사전 접수 8. 28. 9:00 ~
♥ 장　　소 : 과천시보건소 2층 보건교육실
♥ 신청방법 : 과천시보건소 홈페이지 접수
♥ 주의사항 : 1기, 2기 중복 수강 불가
　※ 참여우수자(출석&설문 완료)에게 소정의 선물 제공
♥ 문　　의 : 지역보건팀 (☎ 02-2150-3843, 3844)

모범 사례

동대문구 임산부 출산교실

● 일정 : 2022년 7월 26일 오후 13:00 ~ 15:00
● 대상 : 동대문구 임산부 30명
● 내용
　 - 출산과정의 이해(출산 1기, 2기, 3기)
　 - 임신과 출산시 자세
　 - 베이비 마사지 실습
● 강사 : 라마즈출산 전문가
● 교육장소 : 용두문화복지센터 3층 제 2,3 강의실
● 참가비 : 무료
● 신청 : 인터넷접수
　　　　 동대문구 홈페이지 → [구민참여]
　　　　 →[온라인접수]

문의 : 동대문구보건소 지역보건과(☎ 02-2127-5186)

비모범 사례

되지 않습니다.

저는 첫째 아이를 미국 대학에 재직할 당시 얻었습니다. 당시 제가 수강한 미국의 공공 출산 준비 교실은 부부 모두 참여하는 게 너무도 당연한 상식이었습니다. 이곳에서 출산 시 아내를 어떻게 도울지, 영·유아를 어떻게 돌봐야 하는지 조금이나마 배울 수 있었습니다. 그럼에도 여전히 제 육아 능력이 낮아서 실제로 아내에게 큰 도움을 주지는 못했지만 말입니다.

한국에도 출산·육아 교실이 많습니다. 그런데 모집 안내문에 쓰인 참가 대상을 보면 '임산부와 배우자'가 아닌 '임산부'인 경우가 많습니다. 따라서 거기에 참여하는 사람은 대개 여성입니다. 아빠를 위한 프로그램은 제한적이고, 많은 경우 평일 낮 시간에 이루어져 휴가를 쓰지 않는 한 참여하기도 어렵습니다.

엄마들은 출산과 육아를 앞두고 '맘카페'에 가입하거나 먼저 출산과 육아를 경험한 친구나 선배와 만나 지식을 전수받고 또 실전에서 문제가 생길 때 도움을 청하기도 하죠. 그런데 아빠들은 이런 모임도, 동지도, 스승도 없습니다. 충분히 배우지 못하고 무작정 투입된 아빠들이 실전에서 우왕좌왕하다가 "에라, 못 하겠다" 하고 육아 전선에서 뛰쳐나오는 일이 많을 수밖에 없죠.

진정한 양성평등 사회로 가려면 단순히 아빠의 육아 참여를 독려하는 데서 더 나아가야 합니다. 그리고 아빠의 실질적 육아 능력을 기르는 일 또한 필수라는 사실을, 우리 사회가 인식하고 팔을 걷어붙여야 합니다.

친구가 내 삶을 바꾼다

: 좋은 친구와 나쁜 친구의 영향

다큐멘터리 촬영을 위해 억지로 친구가 된 전교 1등과 전교 꼴찌의 사랑을 그린 드라마 〈그해 우리는〉이 몇 년 전 큰 인기를 얻었죠. 이 드라마는 2015년 실제 방송된 EBS 다큐멘터리를 모티브로 한 것입니다. 현실에서는 남녀의 사랑이 아닌 전교 1등과 꼴찌 남학생들 사이 우정을 다뤘습니다.

이 다큐멘터리를 처음 봤을 때 저는 이 아이들의 인생이 어떻게 전개될지 무척 궁금했습니다. 친구가 삶을 어떻게 바꿀 수 있는지 알고 싶었죠.

룸메이트가 내 학점에 미치는 영향

제 인생 친구 중 한 명은 박사과정 지도교수 크리스천 폽-엘리케스Cristian Pop-Eleches입니다. 사제지간으로 만났지만 15년 넘는 세월 동안 일주일에 한 번 이상 (연구를 위해) 통화하고 여러 차례 출장을 같이 다니다 보니 이젠 막역한 사이가 되었죠. 동유럽의 루마니아 출신 학자인 그는 저보다 겨우 세 살 많습니다. 우리가 친구가 될 수 있었던 데에는 비슷한 연령대에 같은 분야를 연구하는 학자라는 것 외에 둘 다 개인의 자유를 중시하고 민주주의를 신봉한다는 공통점도 작용했습니다.

제가 살고 있는 홍콩에 국가보안법이 도입되고 시민의 자유가 억압받자 그는 제게 위로의 메시지를 보냈습니다. "네 마음을 잘 알아. 나는 어린 시절을 독재자 차우셰스쿠 밑에서 보냈잖아." 이렇듯 누군가와 친구가 되는 데에는 다 이유가 있습니다. 유유상종類類相從이라는 말처럼 유사한 점을 공유한 사람들끼리 쉽게 친구가 됩니다.

애초 비슷한 사람들이 친구가 되기 때문에 친구의 영향을 밝혀내는 일은 참 어렵습니다. 이 문제에서도 연관성과 인과성을 쉽게 착각할 수 있습니다.

앞에서도 설명했듯 인과성은 A가 B의 직접 원인이 되는 것입니다. A와 B가 연관성이 있다고 반드시 A가 B의 원인인 것은 아닙니다. 가령 "공부 잘하는 학생의 친구는 성적이 높다"(연관성)가 늘 "공부 잘하는 학생과 친구가 되면 영향을 받아 내 성적도 올라간다"(인과성)를 의미하는 것은 아니죠(《6-1》 참조).

6-1. 인과성과 연관성의 차이

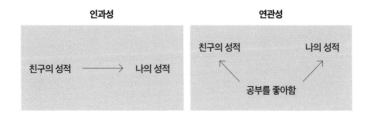

친구와 내 성적에 연관성이 있다면, 그것은 '그냥 공부를 잘하는 아이들끼리 친해진 경우'(연관성: 유유상종)일 수도, 혹은 정말 '성적 좋은 친구가 내 학습 태도 및 점수에 영향을 준 경우'(인과성: 친구 효과)일 수도 있습니다.

자녀가 잘못했을 때, 어떤 부모는 "우리 애가 원래는 착한데 친구를 잘못 만나서 이렇게 됐어"라고 안타까워하기도 합니다. 물론 나쁜 친구의 영향도 있겠지만, 서로 친해져서 사고를 치는 아이들은 애초에 유유상종인 경우도 많은 게 사실입니다.

또 교육열 높은 부모는 자식이 공부 잘하는 친구를 만나길 원하기도 합니다. 공부를 잘하는 학생의 친구는 공부를 잘할 확률이 높으니까요(연관성). 그런데 공부 잘하는 친구의 영향을 받아 성적이 오른 것인지(친구 효과), 두 사람이 공유한 특성 때문에 서로 친구가 된 것인지(유유상종) 쉽게 구분이 되질 않습니다. 만일 유유상종의 힘이 친구 효과를 압도한다면 이러한 부모의 바람은 별 소용없는 일일 것입니다.

인과성, 그러니까 '친구 효과'를 밝혀낸 최초의 실마리는 대학 룸메이트 연구에서 시작되었습니다. 물론 방을 같이 쓴다고 다 친구가 되는 것은 아니지만, 그래도 매일 한 공간에서 부대끼고 살다 보면 친해질 확률이 훨씬 커집니다.

한 가지 예를 들자면, 페이스북의 공동 창업자 마크 저커버그와 더스틴 모스코비츠는 하버드대학교 기숙사 룸메이트였습니다. 저커버그와 그의 또 다른 룸메이트였던 조 그린은 훗날 페이스북의 기반이 된 페이스매시Facemash를 함께 만들었습니다. 하버드대학교 여학생의 얼굴을 품평하는 이 사이트 때문에, 그들은 하마터면 학교에서 퇴학당할 뻔했습니다. 또 구글의 창시자 래리 페이지와 세르게이 브린은 룸메이트는 아니지만 스탠퍼드대학교 박사과정 동창생입니다. 이렇듯 가까운 거리에 있는 사람이 주로 친구가 되는 겁니다.

미국의 많은 대학교가 이른바 '레지덴셜 칼리지residential college' 프로그램을 운영합니다. 신입생 모두가 기숙사에 모여 살면서 첫 1년의 삶을 공유하는 방식입니다. 다트머스대학교는 1학년 기숙사 방을 무작위 추첨을 통해 배정합니다. 어쩔 수 없이 방을 같이 쓰면서 강제로 친구가 되는 것입니다. 마치 다큐멘터리 촬영을 위해 전교 1등과 꼴등이 억지로 친구가 되는 것처럼 말입니다.

이렇게 무작위로 방을 배정하기 때문에 유유상종의 여지가 없어집니다. 그래서 친구 효과, 즉 인과성을 밝혀낼 수 있었죠.

다트머스대학교 브루스 새서도트Bruce Sacerdote 교수가 맨 처음 연구를 시작했습니다.[1] 그는 룸메이트가 학점에 미치는 영향을 살펴봤습니다. 그 결과 룸메이트 중 한 학생의 학점이 1점 더 높아지면, 다른 룸메이트의 학점이 0.12점 오른다는 것을 밝혀냈습니다.

가령, 학점 4.3인 우등생 A와 1.3인 낙제생 B가 있다고 합시다. A와 B는 각각 룸메이트 C, D와 한방에서 생활합니다. C와 D의 성적은 어떻게 달라졌을까요? 낙제생(B)의 룸메이트 D는 우등생(A)의 룸메이트 C에 비해 학점이 평균 0.36점 낮아졌습니다. 공부 잘하는 친구가 옆에 있어 좋은 영향을 받은 것입니다.

하지만 레지덴셜 칼리지 신입생 시절이 끝나고 고학년이 되어 각자 다른 공간에서 생활하다 보면 이 차이가 완전히 사라집니다. 따라서 위와 같은 결과는 아마 룸메이트가 방에서 공부를 열심히 하니 자기도 덩달아 따라 했기 때문이라고 판단할 수 있습니다.

같은 연구 방법을 통해, 윌리엄스대학교의 데이비드 지머먼David Zimerman은 미국의 수학능력시험 격인 SAT 영어 점수가 100점 더 높은 룸메이트를 만나면 내 학점이 0.03점 올라간다는 사실을 밝혀냈습니다.[2] SAT 영어 점수는 800점이 만점이고 이 대학교 신입생의 최대치와 최소치 차이는 300점 정도입니다.

예컨대 SAT 영어 점수가 높은 룸메이트를 만나면 내 대학 학점이 최대 0.1점($\fallingdotseq 0.03 \times 3$) 올라갈 수도 있다는 겁니다. 다만 룸메이트의 SAT 점수의 영향이 룸메이트의 대학 학점의 영향 보다는 크지는 않았습니다. SAT 점수와 대학 학점 중 후자의 영향력이 더 컸습니다.

그런데 최근 중국 대학에서 수행한 연구에서는 정반대 결과를 얻었습니다.[3] 연구를 수행한 대학은 학점의 상대평가를 통해 장학금을 지급했습니다. 내가 잘하거나 다른 친구들이 못해야 장학금을 받는 상황입니다.

그 결과 상위권 학생들을 중심으로 극심한 학점 경쟁이 있었죠. 이런 상황에서는 공부 잘하는 (특히 같은 과) 친구가 룸메이트면 오히려 성적이 떨어졌습니다. 서로 공부를 방해하는 상황이 된 겁니다. 저는 중국 학생들을 비난하고 싶지 않습니다. 잘못된 제도(인센티브)가 학생들을 더욱 이기적으로 행동하게 만든 것이겠죠.

대학 룸메이트에 의해 바뀌는 건 학업 성적만이 아닙니다. 담배를 피울 확률, 정신을 잃을 정도로 술을 마실 확률, 성관계 횟수, 마약(마리화나)을 할 확률, 시험 때 부정행위를 할 확률 모두 룸메이트의 영향을 크게 받았습니다.[4] 심지어 룸메이트가 비만이면 나의 체중도 늘어납니다.[5]

우리나라에서도 2007년부터 연세대학교 미래캠퍼스에서 처음으로 레지덴셜 칼리지 프로그램을 시작했습니다. 2014년부터는 인천 송도에 위치한 국제 캠퍼스에서 연세대학교 신입생 모두가 함께 지내고 있습니다. 룸메이트는 제비뽑기로 배정합니다. 우리나라에서도 이제 친구의 인과성 연구가 가능해진 것입니다. 그 결과가 궁금합니다.

대학생뿐 아니라 초·중·고교 학생들도 친구의 영향을 많이 받습니다. 같은 반 학우들이 어떻게 구성되느냐가 중요합니다. 스탠퍼드대학교의 저명한 경제학자 캐럴라인 혹스비Caroline Hoxby는 초등학교 같은 반 학우들의 평균 영어 점수가 1점 오르면, 내 영어 점수도 0.3~0.5점 올라간다는 연구 결과를 발표한 적이 있습니다.[6]

또한 그는 같은 반에 여학생 비율이 높을수록 학급 전체의 성취도가 올라간다는 사실도 밝혀냈습니다. 여학생 비율이 10%포인트 늘어날 때마다 학급 평균 점수가 0.04~0.08점 상승했습니다. 아마도 여학생이 학습 분위기 형성에 더 도움을 주기 때문일 겁니다. 하지만 여학생 비율은 같은 반 학우들의 성적에 비해서는 그 영향력이 훨씬 작은 편입니다.

한편, 공부 잘하는 친구가 주변에 있다고 해서 모두가 득을 보진 않습니다. 하위권 학생의 경우 같은 반에 상위권 학생이 늘어나도 성적에 큰 변화가 없습니다.[4] 반면 상위권 학생들은, 비슷하게 공부 잘하는 친구들이 늘어나면 큰 자극을 받아 성적이 오릅니다. 전교 1등은 전교 2등과 짝을 이뤘을 때 성적이 가장 많이 오릅니다.

하위권 학생들은 오히려 중위권 학생이 많아질 때 성적이 오르는 경향을 보였습니다. 즉, 전교 1등과 전교 꼴찌의 조합은 그 둘 모두에게 별 소용이 없습니다. 적어도 학업 성취도

점수 차원에서는요. 전교 꼴지에게 전교 1등은 도저히 오르지 못할 나무처럼 느껴지지 않을까요?

실제로 EBS 다큐멘터리의 주인공들이 7년 후 〈유 퀴즈 온 더 블럭〉에 함께 출연했습니다. 서로 너무 달랐던 것일까요? 함께 다큐를 찍은 뒤에도 그 둘은 서로 친해지지 못했습니다. 촬영은 추억으로 남기고 각자의 삶을 살았던 것 같습니다. 전교 꼴찌는 성적이 중간 정도인 학생과 짝을 이뤘다면 더 큰 도움을 받았을 겁니다.

'동일 범죄' 소년범끼리 방을 쓰게 했더니

너무 공부 이야기만 했습니다(연구가 공부 쪽으로 많이 진행되어서 그렇습니다). 다른 삶의 영역에서는 친구의 영향이 어떨까요? 대표적으로 많이 연구된 다른 부문이 바로 범죄입니다. 범죄를 저지를 확률에도 친구가 영향을 미칩니다.

범죄자들은 친구를 어디서 주로 만날까요? 바로 교도소입니다. 미국의 소년교도소는 소년수들을 무작위로 방에 배정합니다. 유유상종(연관성) 효과가 배제되어, 교도소가 친구에게 범죄를 배우는 '범죄 학교'로 기능하는지 인과성을 살펴볼 수 있다는 얘깁니다.[7]

미국에서 소년범의 범죄는 차량 절도, 빈집털이, 절도, 좀도둑, 강도, 마약 중범죄, 마약 경범죄, 중화기 무기 소지, 폭행, 성폭행 등 10종류로 나뉩니다.

〈6-2〉는 소년범이 룸메이트에 따라 재범을 저지를 확률의

6-2. 룸메이트에 따른 소년범의 재범 확률 변화

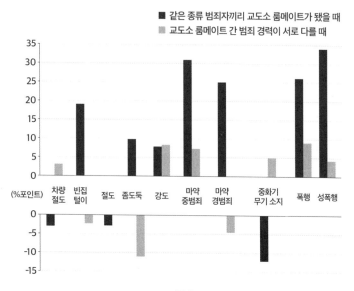

자료: Bayer, Hjalmarsson, and Pozen(2009) 재구성

변화를 보여줍니다. 재범 확률은 범죄 경력의 종류에 따라 다르지만 누구와 같은 교도소 방을 쓰느냐에 따라서도 달라집니다.

검정색 막대는 같은 종류의 범죄 경력이 있는 소년범들을 같은 교도소 방 안에 배정했을 때 재범 확률의 변화입니다. 가령, 성폭행 소년범의 경우 복역 기간 중 같은 범죄를 저지른 소년범과 같은 방을 쓰면 재범 확률이 0.34%포인트 올라갑니다. 빈집털이·마약·폭행 모두 정도의 차이는 있지만 유사한 패턴을 보입니다.

회색 막대는 교도소 룸메이트 간 범죄 경력이 서로 다를 때 재범 확률의 변화입니다. 대부분 0 근방에 위치하고 통계적으로 유의미한 결과는 없습니다.

이는 무엇을 뜻할까요? 교도소에서 같은 종류의 범죄를 저지른 비행 청소년들이 만나면 범죄 관련 지식을 공유하고, 중독성 있는 범죄 성향을 서로 강화하며, 자기들끼리 친구가 되어 추가 범죄를 일으킬 수 있다는 것을 의미합니다.

유사 범죄를 저지른 사람들을 교도소에서 섞지 않는 것만으로도 범죄 예방 효과가 있습니다. 범죄를 저지른 청소년에게 엄벌을 내려 무조건 교도소에 오래 머물도록 해야 한다고 주장하는 분들은 교도소 안의 친구 효과를 충분히 고려하지 못한 것입니다. 엄벌만이 능사는 아닙니다.

배우자: 가장 특별하고 중요한 친구

인생에 가장 영향을 많이 주는 친구는 뭐니 뭐니 해도 배우자일 것 같습니다. 부부는 특별한 유형의 친구입니다. 부부가 오래 살면 닮아간다는 말이 학술적으로 영 틀린 얘기도 아닐 겁니다. '배우자가 뚱뚱해서 나도 뚱뚱해진 게 아닌가' 하는 의심도 꽤 합리적이라고 할 수 있겠습니다.

그런데 아쉽게도 배우자가 상대에게 미치는 영향에 대한

신뢰할 만한 연구는 아직 나오지 않았습니다. 부부야말로 유유상종으로 만나는 관계이기 때문입니다. 유유상종(연관성) 효과를 배제하고 배우자의 인과적 영향을 정확하게 알아내기란 아직까지 거의 불가능합니다. 대학생 룸메이트처럼 추첨에 의해 무작위로 결혼을 할 수는 없으니까요.

다만 예외가 있습니다. 통일교(세계평화통일가정연합)의 합동결혼입니다. 1992년 서울올림픽 주경기장에서 3만 쌍이 합동결혼식을 거행했습니다. 1995년에는 전 세계에서 36만 쌍이 국제 합동결혼식을 했습니다. 완전히 무작위는 아니겠지만, 통일교 내 결혼은 아무래도 배우자를 충분히 탐색하는 과정이 없거나 짧았을 것입니다.

학자들은 유유상종의 효과가 비교적 적을 것으로 추정합니다. 이 때문에 그 분야를 연구하는 외국 학자들이 한국인인 저를 만날 때 간혹 통일교 합동결혼 자료를 구할 수 있는지 물어봅니다. 배우자가 개인의 삶에 미치는 영향을 알아낼 수 있는 굉장한 기회이기 때문입니다. 저 또한 통일교에서 자료 협조를 해주신다면 기꺼이 배우자가 인생에 미치는 영향을 연구하고 싶습니다.

경제학이
필요한
순간°

직장을 잃으면
건강해진다고?

: 실직의 장기적 영향

경제 불황의 특징 중 하나는 실업률이 증가하는 것이죠.
불황이 시작되면 많은 사람이 직장을 잃습니다.

실직으로 인한 고통은 상당합니다. 1960년대 미국에서 삶의 중
요한 상황에 대한 스트레스 정도를 조사했습니다. 배우자의 죽음
이 100점으로 1위, 이혼 73점, 별거 65점이고 실직은 47점으로 8
위를 차지했습니다. 그만큼 실직은 공포스러운 경험으로 인식되
고 있습니다.[1]

미국, 덴마크, 캐나다에서의 실직의 장기적 영향

실직하면 인생이 정말 꼬일까요? 실직의 장기적 영향은 소득·건강·가족 3가지 측면에서 살펴볼 수 있습니다. 가령, 실직 이전 소득을 회복할 수 있을지, 건강에는 어떤 영향이 있을지, 또 배우자와 자녀들에게 부정적 영향이 있지는 않을지를 살펴보는 것입니다. 실직 이후의 삶을 짧게는 수년에서 길게는 수십 년에 걸쳐 추적 조사한 경제학 연구를 소개하겠습니다.

실직이 소득과 건강에 미치는 장기적 영향에 대한 신뢰할 만한 연구는 2000년대에야 비로소 나왔습니다. 이를 위해서는 노동자 개개인의 직장 경력과 건강 정보를 장기간 추적한 데이터가 있어야 하기 때문이죠.

미국 UCLA의 틸 본 와터Till Von Wachter 교수는 1980년대 초반 미국 불황기에 정리 해고(회사 직원 중 30% 이상)로 실직한 사람들을 연구했습니다.[2] 5년 이상 회사를 안정적으로 다녔으나 정리 해고된 남성 노동자 7,256명을, 이들과 매우 유사한 노동자이지만 정리 해고가 없었던 회사에 다닌 사람들과 비교한 것입니다.

연구 결과, 실직 직후 소득은 40% 정도 감소했습니다. 6년이 지난 후 취업에 성공했다 하더라도 여전히 임금이 25%가량 감소한 상태였습니다. 비슷한 방법으로 1990년대 미국 코네티컷주의 정리 해고를 연구한 결과는 6년 후 임금이 14% 정도 줄었음을 밝혔습니다.[3] 실직자의 사망률은 연평균 10~15% 증가해서 40세에 실직한 경우 수명이 무려 1~1.5년 감소했습니다.

덴마크의 연구도 비슷한 결과를 얻었습니다.[4] 1980~1990년 대 공장 폐쇄로 실직한 노동자 3만3,065명을 실직하지 않은 다른 100만 명의 노동자와 비교했습니다. 사회보장제도가 탄탄한 덴마크는 실직이 소득에 미치는 영향이 미국에 비해 작았습니다. 실직 직후 소득은 13%, 10년 뒤 소득은 7%가량만 이 감소했죠.

그럼에도 불구하고 건강에 미치는 영향은 미국과 비슷했습니다. 단기간(실직 후 1년) 사망률은 무려 79% 증가했고, 20년 뒤에도 사망률의 차이가 11%나 되었습니다. 그 차이는 주로 심장질환과 자살로 인한 것이었습니다.

한편 실직은 가족의 삶에도 영향을 미칩니다. 배우자의 정신 건강도 악화시킵니다.[5] 이혼할 확률도 증가하죠.[6] 성장기에 아빠가 직장을 잃었다면 아이들의 삶도 바뀝니다. 캐나다의 연구는 아빠가 실직하면 아이가 성인이 되었을 때 임금이 9% 정도 감소한다는 것을 보여주었습니다.[7] 특별히 소득이 낮은 가정에 부정적 영향이 두드러집니다. 아이들의 교육에 투자할 여력이 더 크게 줄어들기 때문일 것입니다.

대한민국에서 실직할 때 건강의 변화

그런데 우리나라에서 실직의 효과는 놀랍게도 사뭇 달랐습니다. 저와 서울대학교 이정민·황지수 교수는 2000년대 미국발 금융 위기의 불황기에 정리 해고로 인한 실직이 소득과 건강에 미치는 영향을 연구했습니다.[8] 건강보험공단의 전 국민 빅

7–1. '실업 효과' 측정하는 법

직장 생활을 하는 분들은 골치 아픈 동료 한두 명쯤 쉽게 떠올릴 수 있을 겁니다. 가령 무책임하고 폭력적인 품성을 가진 사람을 생각해봅시다. 이들은 무단결근, 업무 능력과 의지 결여, 동료와의 마찰(폭언·폭행) 같은 문제를 일으켜 결국 실직할 가능성이 높습니다. 그리고 이들은 본인의 건강관리도 부실할 확률이 높죠.

실직한 사람들과 그렇지 않은 사람들은 많은 점에서 차이가 있습니다. 그렇기에 실직자와 비실직자의 건강을 단순 비교해서는 실직이 건강에 미친 영향을 알아낼 수 없습니다.

만일 제비뽑기로 실직 여부를 결정한다면 문제는 간단합니다. 무작위로 정했으니 실직자와 비실직자가 평균적으로 엇비슷한 사람들이죠. 유일한 차이는 실직 여부입니다. 그렇기에 나중에 건강의 차이가 생긴다면, 이는 실직에서 기인했다고 유추할 수 있습니다.

하지만 현실 세계에서 해고를 무작위로 할 수는 없죠. 그래서 경제학자들은 개인이 아닌 회사에 문제가 생겨 실직자가 크게 증가하는 '대량 정리 해고' 혹은 '직장 폐쇄' 상황을 연구하기 시작했습니다. 이런 상황은 본인이 스스로 직장을 그만두거나 소수의 저성과자를 선별해서 해고하는 상황이 아니기 때문입니다.

실업의 효과는 정리 해고로 실직한 사람들과 직종·성별·연령·소득 등이 가장 비슷하지만 운 좋게 정리 해고가 없었던 직장에서 일한 사람들을 찾아냅니다. 이 과정을 '매칭'이라고 하죠. 이렇게 매칭된 사람들과 실직자의 소득 및 건강이 중장기적으로 어떻게 차이 나는지 비교하는 것입니다.

데이터를 활용했습니다(〈7-1〉참조).

지금까지 나온 연구로는 사망이나 입원 같은 중대한 변화만을 볼 수 있었습니다. 하지만 저희 연구는 국민건강검진 자료를 활용해서 건강의 미세한 변화와 음주·흡연 등과 같은 생활 패턴의 변화까지도 밝혀낼 수 있었습니다.

우선, 정리 해고는 제조업에서 가장 많았습니다. 3년 이상 안정적으로 근무하다 정리 해고된 남성 노동자 2만2,860명, 여성 노동자 1만4,602명을 식별했습니다. 그리고 이들과 직종·성별·연령·소득이 매우 유사하지만 정리 해고가 없었던 회사에 다닌 노동자를 식별해 일대일 매칭을 했습니다. 우리는 이들의 소득과 건강을 5년 이상 추적 관찰했습니다.

〈7-2〉은 실직 전후 실직자와 비실직자의 소득 및 누적 사망률의 추이를 보여줍니다. 실직 당시 월평균 소득은 남자 약 350만 원, 여자 약 200만 원이었습니다. 정리 해고 직후 큰 폭으로 소득이 감소했고, 5년(60개월)이 지난 후에도 대조군(비실직자)과 비교해 남자는 33.3%(월 120만 원), 여자는 28%(월 50만 원)가량의 소득 감소가 관찰되었습니다.

그런데 건강에 미치는 영향은 외국의 결과와 사뭇 달랐습니다. 남성의 경우 사망률에 눈에 띄는 변화가 없었습니다(매우 작은 차이가 있으나 통계적으로 유의미하지 않습니다). 건강검진 결과를 살펴보니 놀랍게도 오히려 건강이 좋아졌습니다. 음주 및 비만 관련 지표(γ-GTP·혈압·BMI 등)가 모두 개선된 것이죠.

반면 여성의 경우는 사망률이 0.24%에서 0.38%로 크게 증가했습니다. 암과 심뇌혈관 질환 등 만성질환으로 인한 사망

7-2. 개월 수에 따른 남녀 노동자의 실직 전후 소득 및 누적 사망률 추이

소득 추이(단위: 만 원)

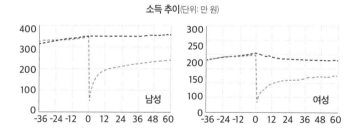

누적 사망률 추이(단위: %)

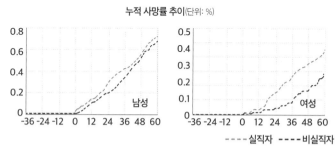

---- 실직자　---- 비실직자

주: '0'이 실직 시점
자료: Hwang, Kim and Lee(2023)

과 입원이 늘어났습니다. 건강검진에서도 만성질환 지표(콜레스테롤, 혈당 등)가 나빠졌죠.

　여성의 경우는 외국의 결과와 유사했지만, 남성은 실직으로 (적어도 향후 5년간은) 오히려 더 건강해졌습니다. 어떻게 이럴 수가 있을까요? 해답은 우리나라 제조업 남성 노동자의 열악한 근무 환경과 회식 문화에서 찾을 수 있습니다.

7-3. 근로 환경에 따른 산업 위험 요인의 남녀 차이

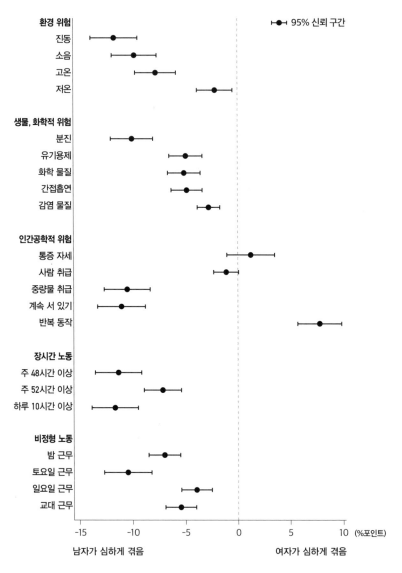

자료: Hwang, Kim, and Lee(2023)

산업안전보건연구원의 근로 환경 조사에 의하면 제조업에 종사하는 남성은 같은 제조업에 종사하는 여성에 비해 훨씬 더 큰 산업 위험에 시달립니다(〈7-3〉 참조). 남자 제조업 노동자는 진동·소음·먼지·유해물질·과로 등 산업 위험에 과다 노출되고 있습니다. 또한 음주를 겸한 회식도 남성 위주로 이뤄집니다.

워낙 심각한 산업 위험 요인에 노출된 직장을 다녔기에 실직 후 오히려 건강이 좋아지는 게 우리나라 제조업 남성 노동자의 현실입니다. 실직하고 오히려 건강해진다니 씁쓸한 마음을 지울 수가 없습니다. 산업 환경 개선을 위한 정부의 관심과 기업의 적극적 노력을 주문합니다.

한편, 여기서 살펴본 1980년대 미국과 덴마크, 2000년대 한국은 상대적으로 해고가 쉽지 않은(노동시장이 유연하지 않은) 환경에서 실직의 효과를 측정한 연구입니다. 경직된 노동시장은 해고도 어렵고 신규 채용도 적습니다. 반면 유연한 노동시장은 실직도, 신규 채용도 많습니다. 그렇기에 실직의 부정적 영향은 경직된 노동시장에서 극대화됩니다.

OECD와 유럽의 주요 선진국은 노동시장의 유연성과 안정성을 동시에 높이는 '유연 안정성' 제고를 중요한 정책목표로 삼고 있습니다. 네덜란드와 덴마크가 대표적인 예입니다. 우리나라도 같은 전략을 택해야 합니다.

특별히 해고될 염려도 거의 없고, 자리를 지키고 있는 한 임금이 지속적으로 상승하는 연공제의 폐해가 큽니다. 젊은 세대한테 지나치게 불리한, 공정하지 못한 제도입니다. 운 나쁘게 실직한 사람들이 새로운 직장을 찾기에도 불리해 실직의 부정적 영향이 커집니다. 기업의 경쟁력에도 부정적 영향을 줄 수밖에 없지요.

다만, 동시에, 실직해도 큰 걱정 없는 세상이 되어야 합니다. 사회안전망을 크게 강화해야 합니다. 서울시에서 시범 사업 중인 '안심 소득'은 확실하게 소득을 보장합니다. 가령 소득이 없는 3인 가구에 월 170만 원을 지급합니다.

유연한 노동시장을 통해 기업은 능력 있는 노동자를 고용할 수 있고 경쟁력을 높이며, 국가는 충분한 소득 보장을 제공하는 방향으로 사회가 발전할 수 있었으면 합니다.

경제학이
필요한
순간°

삶의 활력소이자
골병의 원인

: 황혼 육아의 풍경

맞벌이 가정(또는 한 부모 가정)에 조부모의 육아 도움은 가장 든든한 우군입니다. 어떤 조부모는 육아를 위해 심지어 직장을 그만두기도 합니다. 저와 함께 일했던 간호대학 교수는 우리나라 최초로 간호학 박사학위를 받은 분입니다. 평생을 연구와 사회 참여에 적극적이었죠.

그런데 어느 날 갑자기 조기 은퇴를 하고 미국으로 건너가셨습니다. 손주가 생겼기 때문입니다. 미국에 있는 딸이 육아와 직장 생활을 병행하기 어렵자 할머니가 나선 것입니다. 성공적인 경력을 쌓은 할머니도 이럴진대, 보통의 할머니라면 오죽할까 싶었습니다.

미국과 유럽에서 손주가 태어나면

실제로 미국과 유럽의 연구에서 손주 탄생이 할머니의 조기 은퇴를 촉진한다는 게 드러났습니다.[1,2] 서구 선진국들도 일과 가정의 양립이 큰 숙제이기 때문에 할머니의 도움이 절실한 것이죠. 그런데 할아버지에게서는 그런 현상을 발견하지 못했습니다. 여성이 돌봄에서 주도적 역할을 하는 것은 아직까지 동서양의 공통된 현상인 듯합니다.

또 다른 미국의 연구는 친정어머니 혹은 시어머니가 근처 (출퇴근 가능 거리)에 살 때 여성의 노동시장 참여가 4~10%포인트 늘어난다는 것을 보여주었습니다.[3] 가령 미국 가임기 여성의 노동시장 참여율이 평균 70%라면, 조부모가 근처에 사는 경우는 74~80%에 달했습니다.

실제로 제 박사과정 동료였던 한 친구는 박사과정을 마치고 드넓은 미국 땅 중에서도 콕 집어 (아이의) 조부모 집 근처에 있는 직장을 잡았습니다. 더 좋은 직장에 갈 수도 있었는데 그 친구가 이렇게 결정하는 것을 보며 저는 좀 놀랐습니다. 그는 조부모의 도움이 맞벌이 가정으로 하여금 일과 가정을 양립할 수 있게끔 하는 가장 중요한 요소라며 자신의 선택을 설명했습니다.

저희 두 아이는 제가 미국에서 일할 때 태어났습니다. 그때마다 양가 부모님이 미국까지 와서 큰 도움을 주고 가셨죠. 아이의 할아버지·할머니 모두 큰 즐거움과 기대감이 있었습니다. 적어도 처음에는요.

그런데 시간이 지나면서 힘들어하기도 하셨죠. 둘째 출산 전후에 도움을 주시고 귀국하는 날, 장인께서는 "오늘 군대 제대하는 것 같다"라고 하셨습니다. 감사한 마음과 죄송한 마음이 뒤엉켰습니다.

저희 부부는 몇 달씩 한국에 들어가 지내기도 했습니다. 그럴 때면 육아를 위해 장인·장모님은 사회생활을 대폭 줄이셨습니다. 저는 이러한 황혼 육아가 삶의 활력소가 되기도 하겠지만 부모님을 병들게 하는 건 아닌가 걱정스럽기도 했습니다.

사실 육아가 조부모의 건강에 미치는 영향은 양방향으로 작용합니다. 긍정적인 부분은 육아가 자존감, 가족 결속력을 향상시켜 건강에 유익한 영향을 줄 수 있다는 점입니다. 그리고 육아가 신체 활동 및 건강을 유지하는 데 도움이 될 수 있습니다. 하지만 육아는 조부모에게 육체적으로나 정신적으로 많은 부담이 되기도 합니다. 육아 부담을 조부모가 오롯이 지는 경우에는 더욱 그렇습니다.

육아가 조부모의 건강에 미치는 영향

그렇다면 육아가 조부모의 건강에 미치는 영향은 어떻게 측정할 수 있을까요? 손주를 돌보는 조부모와 그렇지 않은 조부모의 건강을 비교하면 될까요? 답은 '아니요'입니다. 왜냐하면 건강한 노인이 손주를 돌볼 수 있기 때문입니다. 아픈 노인은 아무래도 애초에 손주를 돌보기가 어렵겠죠.

즉, 우리는 '육아→건강' 채널을 알고 싶지만, 그 반대로 '건강→육아' 채널이 동시에 존재하고 있는 겁니다. 이렇게 단순히 두 집단을 비교하는 (틀린) 방법으로 분석을 해보면, 손주를 돌보는 조부모는 건강해진다고 잘못 이해하게 되죠. 건강하니까 손주를 돌볼 수 있는 것인데 말입니다. 이를 학술 용어로 '역인과관계Reverse Causality'라고 합니다.

게다가 손주를 돌보는 조부모는 그렇지 않은 조부모에 비해 삶의 가치관, 자녀를 대하는 태도, 흡연 및 음주 여부 등 서로 다른 점이 한두 가지가 아니죠. 그래서 육아가 건강에 미치는 영향을 알아내는 일은 무척 까다롭습니다.

몇몇 학자는 같은 사람이 시점에 따라 손주를 돌보기도 하고 그러지 않기도 한다는 데에 착안했습니다. 즉, 한 사람이 황혼 육아 기간과 휴지기에 건강 변화를 겪는지 살펴보았습니다. 손주를 돌보기 시작한 시점의 건강 상태도 통제했습니다.

이런 방식은 특성이 다른 사람을 비교하는 게 아니라, 적어도 대부분의 특성이 일정하게 유지되는 개인의 시점에 따른 변화를 측정할 수 있다는 장점을 가집니다. 이를 학술 용어로 '고정 효과 모델Fixed Effect Model'이라고 합니다.

독일의 연구는 이런 방식으로 조부모의 주관적 건강 수준과 정신 건강을 살펴보았습니다.[4] "당신이 얼마나 건강하다고 생각하십니까"로 측정하는 주관적 건강 수준은, 완벽한 건강 지표는 아니지만 실제 건강 수준을 잘 반영한다고 알려져 있습니다.

연구 결과, 육아는 건강 수준(주관적 건강 수준 및 정신 건강)에 영향을 주지 않는 것으로 밝혀졌습니다. 즉, 평균적으로는 별 영향이 없다는 것이죠.

같은 방식을 이용한 이웃 나라 일본의 연구도 있습니다.[5] 일본 보건복지부는 2005년 당시 50대(1946~1955년생)였던 3만 4,200명을 지금까지 매년 추적 조사하고 있습니다. 대단한 물적·인적 자본이 드는 일이지만, 이를 통해 일본 사회의 고령화와 관련한 수많은 질문에 답할 수 있었죠.

일본의 연구는 조부모가 손주들과 함께 살면서 좀 더 심한 강도의 육아를 할 가능성이 높은 경우를 조사했습니다. 황혼 육아에 대한 일본의 연구 결과는 독일의 결과와 같았습니다. 5세 미만 아이와 함께 사는 할머니·할아버지는 모두 건강에 별다른 변화가 없었습니다.

그런데 '평균의 함정'이 있습니다. 평균적으로 변화가 없다는 것은 어떤 경우는 건강이 좋아지기도 하고 나빠지기도 한다는 걸 의미합니다. 같은 육아라도 조부모가 손주들과 함께 살면서 주된 책임을 지는 경우가 있고, 가끔 필요할 때만 봐주는 경우가 있습니다.

전자는 스트레스를 받아 건강을 해칠 위험이 커지고, 후자는 반대로 자존감이 높아지고 건강이 좋아질 수 있습니다. 그래서 가끔 돌보거나 등하교를 도와주는 정도라면 부모님의 건강을 크게 걱정하지 않아도 됩니다. 하지만 조부모가 육아를 전담한다면 (아이를 안아주면서 생기는) 손목건초염, 관절염뿐만 아니라 스트레스, 우울증의 위험이 커집니다.

그렇다면 육아로 조부모의 건강이 좋아지는지 나빠지는지 어떻게 알 수 있을까요? 건강에 적신호가 켜지는 것은 본인이 가장 잘 알죠. 그래서 중요한 것이 가족 간 솔직한 대화입니다.

손주를 돌보는 노인들은 미안한 마음에 이런 증상이 있어도 자식들에게 터놓고 얘기하지 못하는 경우가 많습니다. 따라서 조부모가 강도 높은 육아를 하고 있다면 자녀들이 먼저 부모에게 건강 상태를 물어보고 육아 부담을 가급적 덜어드리는 방법을 강구해야 합니다.

일본의 연구에서 정말 놀라운 발견은 60대 이상 노인이 80대 이상의 부모를 모시는 '노노老老 부양'의 경우였습니다. 노부모를 모시는 자식 노인의 건강이 크게 악화한 것입니다.

노부모를 모시는 젊은 노인이 (그렇지 않은 노인에 비해) 건강하지 않다고 응답한 비율은 남성이 1.2배, 여성이 1.4배 컸습니다. 스트레스를 크게 받는다고 응답한 비율은 남성이 1.5배, 여성이 1.7배 높았고요. 노부모를 모시는 일이 손주를 돌보는 일보다 훨씬 어렵다는 것을 증명한 셈이죠.

국민건강보험공단 자료에 따르면 2017년 기준 우리나라의 노노 부양 가구는 20만 세대가 넘습니다. 2010년 약 12만 세대에 비해 급격하게 증가했죠. 그리고 계속해서 크게 늘어나는 추세입니다. 노노 부양이 건강에 미치는 부정적 영향이 크므로, 노인을 집에서 돌보는 가정의 부담을 덜어줄 정부의 대책이 시급합니다.

조부모에게 돌봄 수당을 준다면

앞서 살펴본 독일과 일본의 연구에서 사용한 고정 효과 모델은 단순한 비교 분석에 비하면 훨씬 나은 방법입니다. 하지만 여전히, 건강 상태가 변해서 황혼 육아를 하지 못하는 경우와 같은 부분은 살펴볼 수 없으므로 정확한 분석에는 한계가 있습니다. 그런데 황혼 육아가 건강에 미치는 영향을 제대로 알아낼 기회가 생겼습니다.

서울시가 2023년 8월 '엄마 아빠 행복 프로젝트'를 통해 조부모에게 아이를 맡기는 경우, 아이 한 명에 월 30만 원씩의 돌봄 수당을 지원하기로 한 것입니다. 대상은 36개월 이하 영아를 둔 기준 중위 소득 150% 이하 가구로, 지원 기간은 최대 12개월입니다. 2023년 1만6,000명을 시작으로 2026년까지 총 4만9,000명을 지원할 계획이죠.

저는 상대적으로 가난한 노인 가구가 육아에 참여하고 수입도 올릴 수 있는 이 정책을 좋게 평가합니다. 이 정책은 자연스럽게 조부모의 육아 참여를 촉진할 것입니다. 육아를 매개로 가족 간 교류도 활발해질 것입니다.

조부모가 모든 육아를 전담하는 상황이 아니라면(일정 부분 부모나 보육시설이 육아를 같이 감당한다면), 건강에도 별문제가 없을 것입니다. 우리나라의 심각한 노인 빈곤 문제를 극복하는 데도 도움이 되겠죠. 그리고 2세 미만 영·유아 보육의 지나친 시설화를 어느 정도 극복하는 대안이 될 수도 있습니다.

이 정책의 효과는 나이 기준 혹은 소득 기준 때문에 겨우 대상자가 된 조부모와 아슬아슬하게 탈락한 조부모를 추적 비교하는 방식인 '회귀 불연속 설계법'을 사용해 측정할 수 있습니다. 서울시에서 자료 협조를 해준다면 돌봄을 연구하는 경제학자인 제가 이를 다뤄볼 계획입니다. 그때는 황혼 육아가 대한민국 조부모의 건강에 미치는 영향을 국내 데이터를 바탕으로 더 정확하게 말씀드릴 수 있을 것입니다.

안락하고 존엄한
노년을 위해

: 집에서 노년을 보내고 싶은 마음

거의 20년 전 일입니다. 2004년 여름 저는 충남 아산시 보건소에서 공중보건의로 일하고 있었습니다. 제가 맡은 일 중 하나가 방문 진료였습니다. 거동이 불편한 분들의 집으로 찾아가 진료하는 일이죠. 지금까지도 기억나는 환자 두 분이 있습니다.

한 분은 중풍으로 몸을 제대로 가누지 못하는 60대 여성인데, 고혈압 환자였습니다. 대소변 관리를 잘 못해 대변이 방바닥 여기저기 묻어 있었습니다. 집으로 들어갈 때 신발을 벗어야 하나 말아야 하나 잠시 망설였던 기억이 납니다. 함께 사는 아들은 어머니를 제대로 돌보지 않았습니다. 또 다른 분은 임신성 고혈압으로 인한 뇌출혈로 전신마비가 된 환자였습니다. 기적적으로 엄마와 아이는 살아났고, 남편과 시어머니가 아이들을 키우며 지극정성으로 그녀를 돌보았습니다.

집에서 지내고 싶어도 요양원 선택하는 현실

이 가족의 이야기는 2004년 KBS 〈인간극장〉에서 '사랑한다, 더 많이 사랑한다'라는 제목으로 방영되기도 했습니다. 하지만 경제활동과 돌봄 사이의 외줄타기가 이어졌습니다. 가족이 적극적으로 경제활동을 이어가자니 돌봄이 부족해지고, 적극적으로 간병을 하자니 정상적인 경제활동을 할 수 없게 되는 진퇴양난에 빠진 것이죠.

당시 이분들에게 제공되는 국가의 돌봄은 거의 없었습니다. 이분들처럼 운 좋게 보건소에 연결되면 가끔 방문보건 서비스를 받는 것이 전부이던 시절입니다. 당시 저는 두 환자 모두 어떻게든 요양시설에 보내야 하지 않을까 생각했습니다.

첫 번째 할머니는 사실상 방치되고 있었고, 두 번째 가족은 간병 부담으로 인해 삶의 질이 말이 아니었기 때문입니다. 하지만 무엇이 맞는 결정인지 확신이 서지 않았습니다. 이분들과의 만남은 제가 보건·복지·돌봄 제도를 다루는 경제학자가 되기로 결심하는 중요한 이유이기도 합니다.

간병으로 인한 사회문제가 심각해지자 우리나라는 2008년 노인장기요양보험(장기요양보험)을 도입했습니다. 이는 국민연금·건강보험·고용보험·산재보험과 더불어 국가가 국민에게 가입을 강제하는 다섯 번째 사회보험입니다.

장기간 돌봄이 필요한 상황은 누구에게나 생길 수 있지만, 개개인이 이를 위해 간병에 필요한 비용을 미리 준비하는 것이 어려우니 국가가 (가입을 강제하는) 사회보험의 형태로 나선 것입니다.

9-1. 2022년 장기 요양 등급 기준과 혜택

	1등급	2등급	3등급	4등급	5등급	인지 지원
장기 요양 인정 점수	95점 이상	75점 이상 95점 미만	60점 이상 75점 미만	51점 이상 60점 미만	45점 이상 51점 미만	45점 미만
타인의 도움이 필요한 정도	전적으로	상당 부분	부분적으로	일정 부분	치매 환자	치매 환자
시설 서비스	하루 6만5,190원	하루 6만490원	이용 불가(특별 사유 시 가능)			이용 불가
재가 서비스 월 한도액	167만 2,700원	148만 6,800원	135만 800원	124만 4,900원	106만 8,500원	59만 7,600원
1일 가능 시간	최대 약 4시간		최대 약 3시간		2~3시간	약 1시간

장기요양보험은 65세 이상 노인(혹은 65세 미만이라도 치매·중풍 등 노인성 질환을 가진 사람)이 6개월 이상 돌봄이 필요한 상황이 되면, 인정 조사 과정을 통해 장기요양인정점수를 산출한 후 요양 등급을 결정합니다. 그리고 이를 기반으로 다양한 돌봄 서비스를 제공합니다.

요양 등급은 〈9-1〉과 같이 총 6가지로 나뉩니다. 장기요양인정점수 95점 이상은 일상생활을 다른 사람한테 전적으로 의지하는(거의 침대에 누워서 생활하는) 분들로 1등급을 받습니다. 75점 이상 95점 미만이면 2등급, 60점 이상 75점 미만이면 3등급 이런 순서입니다. 1~2등급은 요양원 이용 자격이 주어지며, 3~4등급은 집으로 요양보호사가 찾아오는 재가 서비스만 이용 가능합니다.

그런데 장기요양보험은 아무래도 한정된 자원으로 운영하다 보니 노인이 집에서 지내기에 충분한 돌봄을 제공하지 못하는 경우가 많습니다. 가령 1~2등급을 받은 분들의 재가 서비스 월 한도액이 2022년 기준으로 각각 167만 원, 149만 원 정도입니다. 이는 하루 최대 4시간 정도 도움을 받을 수 있는 수준입니다(이 중 15%는 본인 부담금으로 지불합니다). 하지만 이분들은 사실상 24시간 돌봄이 필요한 상황입니다.

현재로서는 이런 분들이 낮 시간에 주간 보호시설을 이용하고 밤에는 가족이 돌보는 게 그나마 대안이지만, 여전히 지원이 충분하다고 할 수는 없습니다. 실제로 보건복지부의 '2019 장기 요양 실태 조사'에 따르면, 조사 인원 중 47%가 재가 서비스 시간이 부족하다고 느꼈습니다.

상황이 이렇다 보니 1~2등급을 받은 분들 중에는 집에서 지내고 싶지만 '요양원'을 선택하는 경우가 많습니다. 요양원은 하루 6만~6만 5,000원의 20%만 부담하면(월 약 40만 원) 24시간 돌봄을 받을 수 있기 때문입니다. 요양보호사가 노인 여러 명을 돌보는 형태로, 추가 비용을 지불하지 않는다면 보통 3~4명 이상이 한 방에서 공동생활을 합니다. 개인이 부담하는 비용은 비보험인 식비 및 이미용 비용 등을 포함해 대략 월 65만~80만 원 정도입니다.

9-2. 요양원과 요양병원

	요양원	요양병원
적용 보험	노인장기요양보험	국민건강보험
목적	돌봄	질병 치료 및 재활
서비스 인력	요양보호사 중심, 의사는 대개 비상주 촉탁의이며 간호사는 보통 상주함	의료 인력(의사, 간호사) 중심, 간병인을 따로 고용해야 함
입원 자격	장기 요양 1~2등급 (특별한 경우 3~4등급도 가능)	제한 없음
보호자 비용	총비용 월평균 65만~80만 원 • 이용 요금 약 40만 원 • 식비 등 약 25만~40만 원	총비용 월평균 110만~370만 원 • 이용 요금 약 40만~50만 원 • 식대 10만~20만 원(보험 적용) • 간병비 60만~300만 원

3~4등급인 경우는 최대 3시간 정도 재가 서비스를 받을 수 있습니다. 이분들은 특별한 사유가 아니고는 요양원에 갈 수도 없습니다. 결국 가족이 경제활동을 하려면 보험 혜택이 없는 추가적인 간병비를 들여야 하고, 이러한 틈을 '요양병원'이 채우고 있습니다(〈9-2〉 참조).

등급 외 판정을 받았거나 3~5등급을 받았지만 돌봄의 필요가 여전하다면 차선책으로 요양병원을 찾는 경우가 많습니다. 요양병원은 원칙적으로는 질병 치료나 재활을 목표로 합니다(그래서 건강보험이 비용을 보조합니다). 그러나 요양원처럼 입원에 특별한 조건이 있는 것이 아니라서 '꿩 대신 닭'처럼 요양병원에 입원하곤 합니다.

요양병원의 병실당 평균 병상은 6~7개로 역시 단체 생활을 합니다. 요양병원의 입원비는 4~6인실의 경우 약 40만~50만 원(1~2인실의 경우 비용이 크게 상승)이지만 간병비 부담이 큽니다. 6인실에 간병인 1명을 두면 월 60만 원, 2명을 두면 월 120만 원이 추가로 듭니다. 가령 고관절 수술 등을 해서 개인 간병인을 두면 간병 비용이 최소 월 300만 원에 달합니다.

집이 나을까, 요양원이 나을까?

이제 현실을 어느 정도 이해했으니 돌봄이 필요하신 부모님에게 요양원·요양병원이 나을지, 집이 나을지 본격적으로 논의해보겠습니다. 물론 재정적 여유가 충분하다면 비싼 비용을 지불하고 고급스러운 시설에서 맞춤형 돌봄을 제공받는 선택지가 있습니다. 하지만 여기서는 좀 더 일반적인 형태를 상정해 살펴보겠습니다.

언론에서 일부 요양원의 실태를 폭로하는 기사를 보신 분들이 있을 것입니다. 생의 마지막 단계에서 노인들은 군대처럼 아침 6시에 일어나야 하고, 기저귀를 가는 정해진 시간까지는 변을 보아도 참고 기다려야 합니다. 극단적인 경우이겠지만, 일주일에 하루 정해진 시간에만 목욕할 수 있기에 (치매 때문에) 온몸에 대변을 묻힌 채 지내기도 합니다. 선진국에 진입한 대한민국 요양원에서 생활하는 적지 않은 노인들이 처한 현실입니다.

이렇듯 요양원이 이상적인 돌봄과는 괴리가 크지만, 그렇다고 꼭 집이 더 나은 것은 아닙니다. 돌봄이 부족하거나 거주지의 상황이 열악하다면 시설이 오히려 나을 수도 있겠죠. 제가 20년 전 방문 진료를 통해 만났던, 방바닥에 대변이 여기저기 묻어 있던 할머니의 경우처럼 말입니다.

그렇기에 장기요양보험에서는 이런 경우 3~4등급인 분들도 요양원 입소를 허락합니다. 그래도 일반적으로 노인들에게 편안하고 익숙한 곳은 집입니다. 노인들은 사생활이 제한되는 단체 생활을 힘들어합니다. 필요한 돌봄과 의학적 처치가 가능하다면 집이 더 좋다는 데에는 이견의 여지가 별로 없습니다.

그렇다면 현행 제도의 재가 및 시설 서비스가 필요한 도움을 충분히 제공하는지, 가족이 정상적인 삶의 질을 누릴 수 있는지, 또한 어르신의 건강에는 어떤 것이 더 나을지 따져보아야 합니다. 그런데 시설과 재가 서비스 각각의 이용자를 단순 비교해서는 이 질문에 답할 수 없습니다.

돌봄의 필요가 더 클수록, 건강이 더 나쁠수록, 또 돌보아줄 가족이 없을수록 시설에 입소할 확률이 높아집니다. 따라서 시설에 계신 노인들이 재가 서비스를 받는 노인들보다 더 아프다고 해서, 그것이 시설 혹은 재가 서비스 때문인지 다른 요인 때문인지 알 수 없는 것이지요.

이 질문에 대한 답으로 제 연구를 소개하겠습니다. 저는 박사과정 때 장기요양인정점수는 거의 같으나 등급 판정이 아슬아슬하게 갈려(95점, 75점, 51점 전후) 받는 혜택이 달라지는 노인의 삶을 추적하는 연구를 했습니다.[1]

결과는 노인의 상태에 따라 달라졌습니다. 먼저 95점 전후의 '전적으로' 도움이 필요한 분들을 비교해봅시다. 95점(1등급) 노인은 94.9점(2등급) 노인에 비해 집에 있을 확률이 큽니다. 시설 입소로 인한 본인 부담금 차이 때문입니다. 95점(1등급)이면 하루 6만5,190원의 20%인 약 1만3,000원을, 94.9점(2등급)이면 약 1만2,000원을 냅니다. 하루 1,000원 차이지만, 이런 작은 차이에도 시설 입소 확률이 2%포인트 줄었습니다.

이분들을 추적해보니 시설 혹은 재가 서비스로 인한 사망 여부, 건강 상태에는 차이가 없었습니다. 그러나 집에서 지내는 분들은 시설에 입소하신 분들에 비해 의료비 지출이 크게 줄었습니다. 의료비를 적게 지출함에도 같은 건강 상태를 유지할 수 있었기에 집에서 지내는 게 이득이었습니다.

다음은 75점 전후의 '상당 부분' 도움이 필요한 분들입니다. 75점(2등급)이면 시설 입소가 가능하나, 74.9점(3등급)이면 집에서 지내야 합니다. 그래서 거의 비슷한 처지임에도, 아슬아슬하게 2등급을 받으면 시설을 선택할 확률이 크게 증가합니다.

이분들이 시설에 더 많이 입소한 결과, 자녀의 돌봄 부담이 실제로 줄어들었습니다. 하지만 노인의 질병, 사망 및 의료비 지출에는 변화가 없었습니다. 노인 처지에서는 (특별한 건강 및 재정상의 이득도 없이) 아무래도 집보다는 불편한 시설에 입소한 것이지만, 자녀 입장에서 보면 자유로운 시간을 얻게 된 것입니다.

마지막으로 51점 전후의 '일정 부분' 도움이 필요한 분들입니다. 51점(4등급)이면 재가 서비스를 받을 수 있지만, 50.9점은 (치매가 아니라면) 아무런 도움도 받을 수 없습니다. 4등급을받아 하루에 2~3시간이나마 돌봄을 받는다 할지라도 가족의노고가 크게 줄지도 않고, 노인의 건강이 좋아지지도 않고, 의료비가 절약되지도 않습니다. 돌봄에 지친 가족이 숨 좀 돌리는 정도의 시간 여유 같은, 통계에 잡히지 않는 도움이 있을수는 있었겠지만 눈에 띄는 변화는 만들어내지 못했습니다.

요약하면 노인들에게는 재가 서비스가 (시설 서비스에 비해)일반적으로 더 나은 선택지였습니다. 돌봄을 제공하는 가족에게는 시설 서비스가 더 많은 자유를 주겠지만 말입니다.

당시 제 연구는 아쉽게도 자료 부족으로 가족의 경제활동에 미치는 영향에 대해서는 살펴보지 못했습니다. 그런데 이제는 이러한 자료도 구할 수 있게 되어 후속 연구를 준비하고있습니다.

노인에게 가장 좋은 방법은 (의학적 치료가 긴급히 필요하지 않는 한) 집에서 충분한 돌봄을 받는 것입니다. 하지만 국가의 돌봄은 현재 하루 4시간으로 제한되어 있습니다. 우리 사회가장기요양보험료 2배 인상에 동의해야 하루 8시간 재가 서비스 그리고 더 양질의 시설 서비스가 가능해질 터인데, 단기간에 쉽지는 않을 것입니다.

결국 (돌봄을 제공할 건강한 배우자가 없는 한) 월 300만 원 넘는 막대한 추가 간병비를 감당할 수 있는 노인들만이 돌봄이

9-3. 요양병원 및 요양시설 수

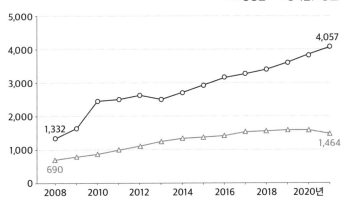

△ 요양병원 ○ 요양시설(요양원)

5,000
4,000
3,000
2,000
1,000
0

4,057
1,332
690
1,464

2008 2010 2012 2014 2016 2018 2020년

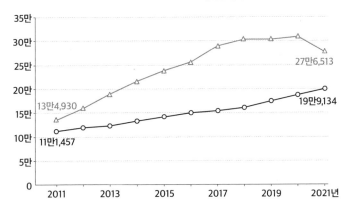

△ 요양병원 병상 ○ 요양시설(요양원) 침상

35만
30만
25만
20만
15만
10만
5만
0

13만4,930
11만1,457
27만6,513
19만9,134

2011 2013 2015 2017 2019 2021년

자료: 건강보험 통계, 〈노인 복지 시설 현황〉

필요할 때 집에서 그나마 안락하게 지낼 수 있습니다. 이러한 현실이 노인 돌봄의 시설화를 낳았습니다.

장기요양보험 도입 이후 요양시설은 2008년 1,332개에서 2021년 4,057개로 늘었습니다. 장기요양보험과 무관한 요양병원도 덩달아 증가해서 2008년 690개에서 2021년 1,464개로 늘어났습니다(〈9-3〉 참조).

정부는 어떻게 해야 할까요? 노인이 원하는 곳에서 적절한 돌봄을 받을 수 있게끔 도와야 합니다. 즉, 어느 정도 돌봄의 탈시설화가 필요합니다. 돌봄을 필요로 하는 노인이 (시설보다는) 재가 서비스를 택할 수 있도록 수가를 조정해야 할 것입니다. 또한 중장기 과제로서 장기요양보험료 인상을 통해 재가와 시설 서비스 모두의 양적·질적 개선이 필요합니다. 그렇지만 급격한 노령화로 인해 지금 수준의 서비스를 유지한다 하더라도 장기요양보험료 부담이 크게 증가할 것으로 예상합니다.

탈시설화를 한다면 집에서 양질의 돌봄을 제공할 수 있어야겠죠. 간병 부담은 가족의 삶의 질을 떨어뜨립니다. "긴 병에 효자 없다"라는 말이 괜히 나오는 게 아니겠죠. 가족 이외에 돌봄을 제공할 간병 인력이 모자라고, 그 비용도 월 300만 원을 넘는 것 또한 문제입니다. 지금은 내국인과 중국 동포만이 가능한 간병인 공급의 확충도 필요합니다.

홍콩과 싱가포르의 외국인 간병인 모델을 우리 실정에 맞게 수정해서 도입하는 것을 고려해볼 수 있습니다. 이들 국가는 육아 도우미와 노인 간병인을 필리핀 등에서 월 100만 원 이하의 임금을, 숙식 제공을 기본 조건으로 수급하고 있습니다. 이들이 본국에서 받는 임금이 약 20만 원 정도라 이 정도의 금액으로도 이주 유인이 충분합니다.

그 결과 홍콩에서는 휠체어를 타고 도우미의 도움을 받으며 쇼핑하고 산책하는 노인들의 모습을 우리나라에서보다 더 자주 볼 수 있습니다. 가령 외국인 간병인에게 우리나라의 최저임금을 적용하면 월 200만 원이 넘는 수준입니다. 이 중 상당액을 장기요양보험제도를 통해 국가가 보조한다면, 우리 국민은 실질적으로 훨씬 낮은 금액으로 돌봄 혜택을 누릴 수 있을 것입니다.

개인이 감당할 수 있는 수준의 저렴한 비용으로 돌봄을 받을 수 있게 하는 것은 국가의 책임입니다. 이런 제도가 존재했다면, 2021년 대구에서 22세 아들이 병상에 누운 50대 아버지를 죽이는 대신 더 열심히 일하고자 마음을 다잡았을지도 모릅니다.

한국도 존엄한 노년을 위해 다각적인 방안을 강구했으면 좋겠습니다.

일과 가정의 양립을 꿈꾸다

: 외국인 가사 도우미 제도를 도입해야 할 이유

얼마 전 저희 과 선배 교수 한 분을 우연히 캠퍼스에서 마주쳤습니다. 다운증후군을 가진 10대 딸과 산책 중이었습니다. 우리 학교에서 처음 교수 경력을 시작한 그녀는 이후 다른 나라로 직을 옮겼다가 얼마 전 우리 학교로 귀환했습니다. 민주주의의 큰 후퇴에도 불구하고 홍콩으로 돌아온 이유가 궁금했습니다. 그 이유는 놀랍게도 홍콩의 저렴한 외국인 가사 도우미 제도였습니다. 장애를 가진 아이를 키우는 맞벌이 부모가 대학 교수 연봉 수준으로 일과 가정이 양립할 수 있는 곳이 홍콩뿐이라는 결론에 이르렀다고 했습니다.

참 다양한 모습의 돌봄의 필요를 개인이 오롯이 감당한다는 것이 얼마나 어려운 일인지, 그렇기에 국가 돌봄 정책이 얼마나 중요한지 절실히 피부로 느끼며 모녀와 함께 길을 걸었습니다.

돌봄 노동자의 역할

부모님이 편찮으셔서 전담 간병인을 고용하고자 하면 월 평균 300만~400만 원 정도 비용이 든다는 사실에 많은 분들이 깜짝 놀랍니다. 입주 육아 도우미의 비용도 비슷한 수준입니다.

반면 대한민국 30대 여성의 중위소득은 320만 원 정도입니다. 대부분 학력 수준이 상대적으로 낮은 50~60대 이상 돌봄 노동자의 임금이 평균 대졸 30대 여성의 임금보다 큽니다.

돌봄 노동자 공급 부족에서 나온 기현상입니다. 우리나라 맞벌이 가정의 수는 2021년 기준 무려 582만 가구에 달합니다. 반면 내국인 가사·육아 서비스 종사자 수는 12만 명에 불과하죠.

가사·육아 도우미가 필요한 이유는 어린이집 및 유치원만으로는 다양한 돌봄 수요를 감당할 수 없기 때문입니다. 서울시 여성가족재단의 2022년 '서울시 양육자 생활실태 및 정책 수요 조사'에 의하면 무려 87.4%가 부모가 동시에 일을 하려면 어린이집 및 유치원 이외에 추가로 돌봄을 도와주는 사람이 필요하다고 답했습니다. 아이가 아프거나 출장을 가야 한다면 참 난감한 상황이 벌어지기 때문입니다.

그런데 어린이집 및 유치원 확충만으로는 해결이 요원합니다. 대한민국에는 9시 출근, 6시 퇴근의 일반적인 직장만 있는 게 아닙니다. 교대제 근무자(경찰, 소방, 병원, 항만, 공항, 항공사, 물류 및 일부 제조업 종사자)는 육아 도우미의 도움이 필수적입니다. 이렇게 비전형적인 근무시간을 가진 근로자의 수는 경제가 복잡해지며 더욱 늘어나게 됩니다.

이뿐만이 아닙니다. 우리나라에는 발달 장애인이 25만 2,000명이 있습니다. 이들의 부모 중 한 명(주로 엄마)은 대부분 경력을 포기하게 됩니다. 아이가 장애를 얻는 순간 엄마의 경력이 끝나고 마는 것이 2023년 대한민국의 비극적 현실입니다.

임신·출산·육아로 인해 경력이 단절된 여성의 수는 2022년 기준 140만 명입니다. 아이가 성장한 뒤 노동시장에 돌아온 여성의 많은 수가 '슈퍼마켓 점원'으로 대표되는 저임금 비숙련 직종에 참여합니다. 남녀 임금 격차 OECD 1위의 오명도 바로 여기서 기인합니다.

노인 돌봄 공백 또한 문제입니다. 공공의 영역인 노인장기 요양보험만으로는 집에서 돌봄을 받고 싶은 경우 충분한 돌봄이 제공되지 않습니다. 결국 원치 않지만 6시에 기상하고 정해진 시간에만 텔레비전을 보는 등의 규칙에 따라 사는 (마치 군대 같은) 요양원·요양병원으로 많은 노인들이 내몰리고 있습니다.

이런 상황에서 오세훈 서울시장과 시대전환의 조정훈 국회의원이 '외국인 가사 도우미' 제도의 도입을 공론화하였습니다. 그 덕에 외국인 가사 도우미에 대한 사회의 관심이 커졌습니다. 저 또한 여러 차례 이 제도를 전향적으로 고려해야 한다고 이야기한 바 있습니다.

홍콩의 외국인 가사 도우미 제도
홍콩과 싱가포르는 대표적으로 외국인 가사 도우미 제도를 도입한 국가입니다. 홍콩은 1970년대 급격한 경제발전 과정에서 여성의 노동참여가 중요해지면서 제도를 도입했습니다. 당시 홍콩의 합계 출산율은 2.0이 넘는 상황이었기에 출산율 제고보다는 여성의 노동시장 참여를 독려하려는 목적이 더 컸습니다.

처음에는 상대적으로 높은 도우미 고용 비용 때문에 고학력·고소득 여성들이 도우미를 고용했습니다. 그러다 내국인의 임금이 많이 상승한 (그래서 외국인 가사 도우미 임금의 상대비용이 저렴해진) 1990년대 이후 외국인 도우미 고용이 중산층에서도 크게 늘었습니다. 1990년 7만 명 수준에 불과했던 가사 도우미가 2000년에는 21만6,000명, 2022년에는 약 34만 명이 되었습니다. 이는 홍콩 인구(730만 명)의 4.6%, 총 노동인구(377.6만 명)의 9.0%에 이르는 수입니다.

이들의 최저임금은 2022년 기준 월 4,730홍콩달러(약 78만 원)입니다. 홍콩인의 최저임금인 시간당 40홍콩달러(6,600원)와는 별도로 책정된 금액입니다. 식대 1,196홍콩달러(약 20만 원), 의료보험료 및 연 1회 항공료 등을 고려하면 대략 월 100만 원 정도의 고용 비용이 듭니다.

이와는 별도로 고용인은 적정 수준 이상의 주거 공간을 제공해야 할 의무가 있습니다. 그렇기에 실제 임금은 100만 원보다 꽤 높다고 볼 수 있습니다. 150만 원 정도로 추산해볼 수 있습니다.

사실 부부가 모두 일하는 저희 가정도 외국인 가사 도우미 제도에 큰 도움을 받았습니다. 첫 아이는 2017년 제가 미국에서 교수로 일할 때 얻었습니다. 당시 아내는 같은 학교 박사과정 학생이었지요. 아이에게 들어가는 엄청난 노력과 시간은 아이를 낳기 전까지는 미처 예상하지 못했습니다. 미국 시골 도시에 살고 있었기에 가족의 도움도 제한적이었습니다. 재정 여건상 월 400만 원에 이르는 육아 도우미 고용 비용을 지출하기는 어려웠죠.

결국 아이는 생후 5개월부터 어린이집에 다녔는데 아이가 적응하기 힘들어했습니다. 진퇴양난의 시간이 계속되었습니다. 학업을 제대로 이어갈 수도 없고 아이도 제대로 돌보지도 못했던 그 시절이 트라우마로 남아 있습니다. 고군분투하던 그 시절 저희 가정의 모습은 사실 대한민국의 흔한 맞벌이 부부의 모습일 것입니다.

그러던 중 저는 안식년을 맞아 필리핀 마닐라에 있는 아시아개발은행에서 일하게 되었습니다. 그곳에서는 월 20만 원이면 입주 육아 도우미를 구할 수 있었습니다. 내친김에 청소 전담 파트타임 도우미도 월 10만 원에 구했습니다. 월 30만 원으로 저희 부부는 육아 및 가사에서 해방되었습니다.

아이를 도우미에 맡기고 저녁에 부부가 동네를 산책하다 시원한 음료 한잔을 하면서 "이게 몇 년 만이냐" 하며 감격했던 일이 생각납니다. 아내는 박사학위 논문의 대부분을 필리핀에서 쓸 수 있었습니다.

그러던 중 둘째 임신 사실을 알게 되었습니다. 이제 미국으로 돌아갈 생각을 하니 눈앞이 캄캄했습니다. 하루 12시간 넘게 강도 높은 학업을 이어가는 부부가 주변의 도움 없이 어린 두 아이를 키우는 것은 불가능하다는 생각이 들었습니다.

아내도 박사학위를 곧 받을 예정이었기 때문에 학업과 육아를 병행할 수 있는 새로운 장소를 찾았습니다. 홍콩과 싱가포르가 높은 수준의 대학교와 저렴한 외국인 가사 도우미 제도를 동시에 가진 독보적인 곳이었습니다. 과감히 이주를 추진했습니다.

코로나19로 인한 등교 제한 등으로 2020년 미국과 한국에서 육아 부담이 크게 늘었습니다. 저희는 2020년 8월 홍콩으로 이주하기 전까지 아무 일도 못하고 오로지 육아에만 전념할 수밖에 없었습니다. 그러나 홍콩으로 이사한 뒤에는 등교 제한에도 불구하고 입주 가사 도우미 덕분에 본업을 그럭저럭 이어갈 수 있었습니다. 이렇게 외국인 가사 도우미는 우리 부부가 경력을 이어가는 데 절대적인 역할을 했습니다.

가사 도우미에 빚진 마음이 있던 저와 아내는 홍콩에 있는 가사 도우미를 위한 연구 프로젝트를 시작했습니다. 이들이 홍콩에서 더 건강하게 지낼 수 있고, 목표했던 돈을 잘 모음으로써 성공적 이민을 돕고자 함이었습니다. 프로젝트의 선행연구(파일럿)로 약 100여 명의 가사 도우미를 선발하여 심층 인터뷰를 했습니다.

이들은 대략 30~40대 여성이며, 80% 이상이 자녀를 둔 여성이었습니다. 50% 이상이 대졸 이상의 학력을 소지했습니다. 홍콩에서 주 6일 하루 평균 14시간을 일하고 있었으며, 모두가 영·유아 혹은 노인 돌봄에 종사하였습니다.

흥미로운 점은 고된 노동임에도 불구하고 이들 중 절대 다수가 현재 업무에 만족하며 홍콩에서 계속 일하고 싶어했다는 것입니다. 빈곤 탈출 및 가족 부양을 위해 선택한 타국에서의 가사 도우미의 삶이 어려워도 그만한 보람을 느끼고 있었습니다. 이 설문 조사 결과를 보면서 저는 이들을 '현대판 노예'라 칭하며 평가절하하고 노동 착취라 비판하는 것은 적절하지 못하다 생각했습니다.

여성이 경력을 포기하지 않아도 되는 제도

외국인 가사 도우미 제도는 홍콩인들의 삶에 어떤 영향을 주었을까요? 보스턴대학교의 패트리샤 코르테스Patricia Cortes와 싱가포르국립대학교의 제시카 펜Jessica Pan이 가사 도우미 제도가 여성의 노동시장 참여에 미치는 효과를 분석하였습니다.[1]

이들은 가사 도우미가 필요한 사람들이 주로 5세 이하 아동의 가정이라는 점에 착안했습니다. 그래서 5세 이하 자녀가 있는 엄마와 6~17세 자녀를 가진 엄마의 노동시장 참여율 추이를 살펴보았습니다. 그 변화의 차이가 정책 효과를 설명할 수 있겠죠. 또한 5세 이하 어린 자녀를 둔 엄마에게 (6~17세 자녀의 엄마보다) 더 영향을 주는 다양한 노동시장의 변화가 있을 수도 있으므로, 이웃나라 타이완의 변화도 추가적으로 고려했습니다.

〈10-1〉은 홍콩과 타이완의 자녀가 있는 25~54세 여성의 노동시장 참여율의 추이입니다. 5세 이하 자녀를 둔 홍콩 여성의 노동시장 참여 변화를 A, 6~17세 자녀를 둔 홍콩 여성의 노동시장 참여 변화를 B라 합니다. 마찬가지로 5세 이하 자녀

10-1. 홍콩과 타이완의 자녀가 있는 25~54세 여성의 노동시장 참여율

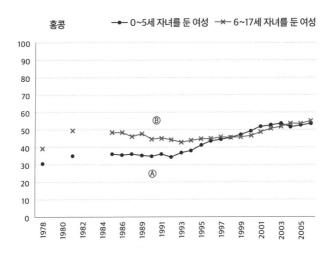

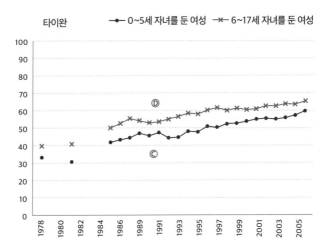

자료: Cortes and Pan(2013)

10-2. 외국인 가사 도우미 제도가 여성 노동시장 참여율에 미치는 영향

78~84년 대비	전체	중졸 이하	고졸	대졸 이상
85~87년	3.0%p ↑	0.0%p	3.8%p ↑	26.8%p ↑
89~93년	4.0%p ↑	−1.0%p	6.3%p ↑	20.0%p ↑
94~98년	7.6%p ↑	0.8%p ↑	12.5%p ↑	24.0%p ↑
99~02년	12.9%p ↑	1.4%p ↑	12.3%p ↑	27.7%p ↑
03~06년	11.6%p ↑	3.4%p ↑	6.7%p ↑	25.5%p ↑

자료: Cortes and Pan(2013) 재구성

를 둔 타이완 여성의 노동시장 참여 변화를 C, 6~17세 자녀를 둔 홍콩 여성의 노동시장 참여 변화를 D라 합시다.

홍콩의 경우 1990년대 이전 A와 B의 차이가 15%가 넘는 것을 볼 수 있습니다. 그만큼 5세 이하 어린 아이를 둔 엄마의 경력 단절 문제가 심각했습니다. 그런데 그 차이가 1990년대 들어서 사라져버렸습니다. 반면 외국인 가사 도우미 제도를 도입하지 않은 이웃나라 타이완은 그런 변화를 찾을 수 없었습니다.

외국인 가사 도우미의 정책 효과는 (A-B)-(C-D)로 측정할 수 있습니다. 이를 '삼중차분법Triple Difference'이라 합니다. 왜냐하면 A, B, C, D도 변화(차이)이고, A-B와 C-D도 각각 차이입니다. 마지막으로 정책 효과인 (A-B)-(C-D)도 차이

이기 때문입니다.

측정 결과 외국인 가사 도우미 제도는 여성의 노동시장 참여율을 크게 높인 것으로 나타났습니다(〈10-2〉 참조). 특히 가사도우미의 수가 급격히 늘어난 1990년대에 이르러 5세 이하 아이 엄마의 노동시장 참여율은 무려 11~13%포인트 증가했습니다. 40% 수준에 불과한 기혼 여성의 노동시장 참여율을 50%대로 끌어올린 것입니다.

추가로 고려해야 할 점은 여성의 학력에 따른 효과입니다. 홍콩에서 처음 제도의 도입 당시, 홍콩 여성 임금 대비 외국인 가사도우미의 상대임금은 높았습니다(〈10-3〉 참조). 가령 1990년경 홍콩의 25~54세 기혼 여성의 임금은 평균 약 9,000홍콩달러, 외국인 가사 도우미의 최저임금은 약 4,500홍콩달러였습니다. 외국인 가사 도우미 상대임금은 약 0.5(=4,500/9,000)였죠. 이후 홍콩 여성의 임금이 지속적으로 상승하면서 상대임금은 점차 줄었습니다.

〈10-4〉는 학력별 홍콩 여성의 임금을 외국인 가사 도우미의 최저임금으로 나눈 값입니다. 가령 1990년대 초반 홍콩 대졸 여성은 외국인 가사 도우미보다 소득이 5~6배 높습니다. 고졸 여성은 2~3배, 중졸 이하 여성과 외국인 가사 도우미의 임금은 별 차이가 없습니다. 이후 1990년대 후반 홍콩 여성의 임금 상승은 주로 대졸 여성에게서 집중됩니다. 그에 따라 도우미를 고용할 확률도 대졸 여성에게서 크게 증가합니다(〈10-5〉 참조).

결국 〈10-2〉에서 볼 수 있듯이, 외국인 가사 도우미 제도

10-3. 홍콩의 기혼 여성과 외국인 가사 도우미 (상대) 임금 추이

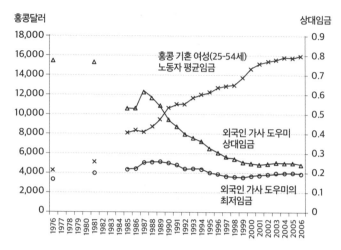

홍콩달러 / 상대임금

홍콩 기혼 여성(25-54세) 노동자 평균임금

외국인 가사 도우미 상대임금

외국인 가사 도우미의 최저임금

주: 외국인 가사도우미의 홍콩 내국인 대비 상대임금은 감소 추세
자료: Cortes and Pan(2013)

도입의 효과(여성 노동시장 참여율의 증가)는 대졸 이상 여성에게
서 집중되는 것을 볼 수 있습니다. 그 효과가 20~26% 포인트
증가로 무시무시할 정도로 큽니다. 반면, 고졸 여성 노동시장
참여율은 3.8~6.3%포인트 증가에 그쳤고, 중졸 이하의 여성
에게는 아무 효과가 없었습니다.

즉, 가사 도우미의 임금이 높을수록 저학력 여성은 제도의
혜택을 누리기 어렵다는 어느 정도 예상 가능한 결과를 확인
하였습니다.

10-4. 외국인 가사 도우미 대비 홍콩 여성의 (상대) 임금 추이(학력별)

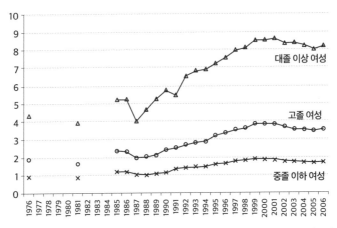

자료: Cortes and Pan(2013)

10-5. 외국인 가사 도우미 고용 여부 추이(학력별)

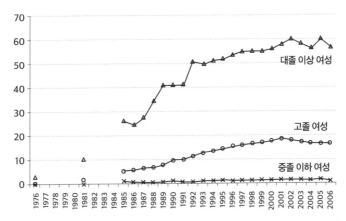

자료: Cortes and Pan(2013)

결국 가사 도우미 임금 수준에 따라 제도의 혜택을 보는 대상이 달라집니다. 홍콩은 가사 노동자의 상대임금이 1990년 대 30~40% 이하가 되면서 수요가 크게 늘었죠. 가령 최저임금을 적용하여 월 210만 원(9,620원, 하루 10시간 근무 가정)을 지불해야 한다면 월 소득이 대략 500만 원이 넘어야 외국인 가사 도우미 고용을 고려할 수 있을 것입니다. 월 320만 원의 중위소득 여성에게는 어려운 일입니다. 그러나 도우미 고용 비용이 월 100만 원이라면, 월소득 250~300만 원 정도의 중산층 가정도 그 혜택을 누리게 될 것입니다.

우리나라에도 도입 가능하려면

그렇기에 조정훈 국회의원은 외국인 가사 도우미를 '가사 사용인'으로 간주하여 (내국인 및 외국인 모두) 최저임금 예외 조항을 적용할 것을 검토하자고 하였습니다. 중산층 가정도 제도의 혜택을 볼 수 있게 하고자 하는 의도지요. 저 또한 외국인 가사 도우미 제도를 중산층도 활용할 수 있어야 한다고 생각합니다.

송출 국가가 반드시 높은 임금을 요구하지도 않습니다. 필리핀 가사 도우미의 본국 임금은 20만 원 수준이죠. 한 사람당 많은 임금을 받기보다는 더 많은 인원을 보낼 수 있기를 원합니다. 평균적인 노동자에게 빈곤 탈출 기회를 더 많이 주기 위해서입니다.

다만 임금이 지나치게 낮으면 임금이 더 높은 제조업 종사자로 불법 체류할 가능성이 있습니다. 이는 도우미 비자 기간을 늘리고 관리 감독을 강화하며 적발 시 한국 취업을 제한하면 해결할 수 있습니다.

현행 외국인 비전문 취업 비자(E9)의 유효 기간은 3년(최장 4년 10개월)입니다. 가사 도우미는 임금이 낮은 대신 비자 유효 기간을 늘릴 수 있죠. 가령 10년간 월 100만 원을 안정적으로 벌 수 있다면, 언제일지 모를 추방 위험을 감수하며 사업장을 이탈할 사람은 그리 많지 않을 것입니다.

만일 우리 사회가 최저임금을 적용하기로 합의한다면, 정부가 소득 수준에 따른 보조금 지급을 통해 해결할 수 있지 않을까요?

가령 10세 미만 아이를 둔 일정 소득 수준 이하의 가정은 가사 도우미 채용 시 보조금을 지급하는 것입니다. 엄마의 월 소득이 300만 원이면 50만 원을, 200만 원이면 100만 원을 보조받아 각 150만 원, 100만 원에 외국인 가사 도우미를 채용할 수 있게 하는 것입니다. 사실 이미 여성가족부의 아이돌봄 지원 사업(시간제 돌봄 사업)은 중위소득 150% 이하의 가구에 돌봄 비용의 15~85%를 보조하고 있습니다.

서울시와 고용노동부는 2023년 외국인 가사 도우미 시범 사업을 추진하고 있습니다. 이 사업을 통해 본격적인 제도 도입 시 발생할 수 있는 문제들을 미리 검토해볼 수 있을 것입니다.

그러나 여기서 더 나아가 정책의 효과를 정확히 측정할 필요가 있습니다. 사회 실험 기법을 도입하면 됩니다. 외국인 가사 도우미를 채용하고자 하는 많은 가정이 신청을 할 것입니다. 일정 조건을 갖춘 고용주 중에서 무작위 추첨을 통해 배정하고, 설문 조사와 행정 데이터를 활용해 추적 조사한다면 정책의 인과적인 효과를 알아낼 수 있습니다. 추후 제도를 발전시켜 나갈 수 있는 중요한 참고 자료로 활용될 것입니다.

한편 이 제도는 적극적인 근로시간 단축 정책과 함께 추진해야 합니다. 2021년 기준 대한민국의 연간 근로시간은 OECD 국가 중 4위, 출퇴근 시간은 독보적 1위입니다.[2,3] 이러한 끔찍한 현실은 짧은 시간 내에 극적으로 변화시키기 어려울 것입니다. 외국인 가사 도우미 제도는 이러한 현실을 극복하는 데 도움이 될 것입니다.

하지만 외국인 가사 도우미가 만병통치약은 아닙니다. 이상적인 사회의 모습은 아이를 직접 돌보고 싶은 부모가 그렇게 할 수 있는 사회가 되는 것입니다. 이를 위해서는 근로시간이 줄어들어야 합니다. 동시에 부모가 좀 더 일에 매진해야 할 때에도 아이가 제대로 된 돌봄을 받을 수 있어야 합니다. 다양한 형태의 돌봄이 제공되어야 하는 이유입니다.

요약하면 외국인 가사 도우미 제도는 돌봄의 수요에 비해 공급이 절대적으로 모자란 현 상황에 꼭 필요한 제도라 하겠습니다. 이는 저출산 대책을 넘어선, '경제 및 돌봄 대책'입니다. 즉 노인 및 영·유아 돌봄 비용의 획기적 감소를 통해, 여성 노동시장 참여율 제고 및 노인 및 그 가족의 삶의 질 개선은 물론이고 나아가 출산율도 제고할 수 있는 방안이라고 생각합니다.

경제학이
필요한
순간°

뜨거운 마음이 마음이 전부는 아니다

: 당위와 직관으로 만든 정책의 허와 실

2

선의만으로 사람을
살릴 수 없을 때

: 정책 효과를 사전에 입증해야 하는 이유

저는 환자를 치료하는 의사였습니다. 그런데 사회를 치료하는 '사회 의사'가 되고 싶어 진료실을 나와 공공 정책을 연구하는 경제학자가 됐지요. 제가 이런 선택을 한 시기에 있었던 일을 들려드리겠습니다.

의과대학 졸업반이던 저는 서울 강남세브란스병원 유방암 클리닉에서 실습을 했습니다. 온종일 여성의 가슴을 들여다보고 진찰하는 것은 청년에겐 무척 어색한 일이었습니다. 몇 주가 지나 일이 익숙해질 무렵, 무언가 불편한 감정이 저를 지배하기 시작했습니다. 대부분의 강남 환자들은 유방암을 조기 발견하지만 지방 환자들은 암이 많이 진행된 뒤에야 병원에 왔습니다.

20년 전 진료실에서 만난 촌부

오랜 농사일로 피부가 그을리고 꽤 늙어 보이는 할머니가 찾아오셨습니다. 막상 차트를 확인해보니 실제 나이는 40대 중반이었습니다. 이분이 감당하고 살아온 무거운 삶의 무게가 느껴졌습니다. 진찰해보니 유방은 물론 겨드랑이에도 암세포가 가득 차 있었습니다.

이 정도면 경험이 일천한 제가 보기에도 말기암이라는 사실을 대번에 알아챌 수 있었습니다. 이걸 어떻게 말씀드려야하나 망설이는데, 이분이 모기 같은 가느다란 목소리로 "선생님예… 이거 암 아니지예…"라고 물었습니다.

그는 부정하고 싶었겠지만 모든 소견과 방사선 사진은 말기 유방암이라 했습니다. 저는 그에게 "여기 강남의 중년 여성들은 정기적인 암 검진으로 손톱보다 작은 암도 발견하는데, 왜 이제야 병원에 오셨느냐"고 소리치고 싶었습니다. 저는 이런 현실이 원망스러워 자리를 피해 울어버리고 말았습니다.

환자로 인해 눈물을 흘린 첫 사건이었습니다. 환자에 대한 측은지심만으로 눈물이 나온 건 아니었습니다. 가난하고 교육받지 못한 우리 사회의 약자들이 더 아프고 더 많이 죽어가는 현실에 대한 안타까움 때문이었습니다.

조금 더 공부해보니 이것은 너무도 잘 알려진 사실이었습니다. 건강 불평등은 의학의 영역을 넘어 사회·경제학적 문제라는 것도 알았지요. 의과대학 졸업 뒤, 저는 진로를 바꿔 경제학을 공부했습니다.

제가 진료실에서 경험한 것처럼, 우리나라에서 소득 수준

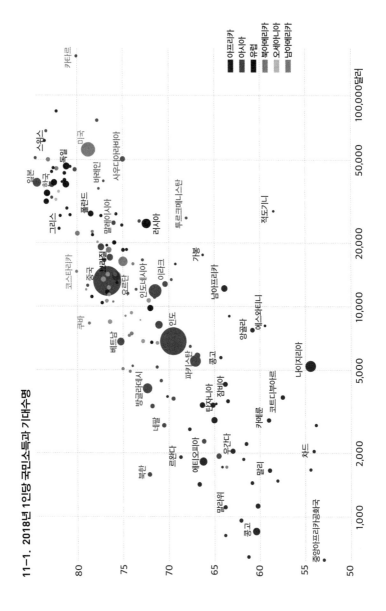

11-1. 2018년 1인당 국민소득과 기대수명

범례:
- 아프리카
- 아시아
- 유럽
- 북아메리카
- 오세아니아
- 남아메리카

세로축 (기대수명): 50, 55, 60, 65, 70, 75, 80

가로축 (1인당 국민소득): 1,000 / 2,000 / 5,000 / 10,000 / 20,000 / 50,000 / 100,000달러

국가 표시:
카타르, 스위스, 미국, 일본, 한국, 독일, 그리스, 사우디아라비아, 바레인, 폴란드, 투르크메니스탄, 말레이시아, 러시아, 적도기니, 코스타리카, 중국, 가봉, 남아프리카, 브라질, 요르단, 이란, 인도네시아, 앙골라, 에스와티니, 페루, 인도, 베트남, 파키스탄, 홍콩, 나이지리아, 방글라데시, 코트디부아르, 탄자니아, 잠비아, 카메룬, 네팔, 우간다, 말리, 에티오피아, 부룬디, 말라위, 차드, 콩고, 중앙아프리카공화국

하위 20%의 여성은 상위 20%보다 유방암으로 사망할 확률이 2배 이상 높습니다.[1] 모든 질병의 결과는 기대수명으로 귀속됩니다. 그래서 소득 수준과 기대수명의 관계는 건강 불평등에서 가장 중요한 척도입니다.

〈11-1〉은 2018년 1인당 국민소득과 기대수명의 관계를 보여줍니다. 1인당 국민소득이 5,000달러 이하인 저개발 국가의 국민은 평균 60년(50~70년)을 삽니다. 반면 국민소득이 2만 달러 넘는 선진국의 국민은 평균 80년(70~90년)을 살지요. 20년 넘는 차이입니다.

산업화가 시작된 1800년 무렵 서유럽 사람들의 평균수명이 35세 정도이고, 조선 시대 왕의 평균수명이 약 46세인 것을 생각하면, 인류는 대단한 진보를 이루었습니다. 하지만 그 진보는 나라별로 차이가 큽니다.

소득 격차에 따른 유방암 사망 확률

나라 간 차이에 비하면 작지만, 한 나라 안에서도 격차는 상당합니다. 〈11-2〉는 미국과 노르웨이의 소득 상위 25% 계층과 하위 25% 계층에서 만 40세 남녀의 기대수명을 보여줍니다.[2,3]

미국은 2014년 기준 상위 계층 40세 남자의 기대수명이 87세입니다. 반면 하위 계층은 이보다 10년이 짧은 77세입니다. 여성도 상위 계층 89세, 하위 계층 84세로 5년쯤 차이 납니다. 복지 천국이자 평등한 사회라고 불리는 노르웨이도 비슷합니다. 남자는 상위 계층 기대수명이 85세, 하위 계층이 기대수

11-2. 소득 상위 계층과 하위 계층 만 40세 남녀의 기대수명 차이(미국과 노르웨이)

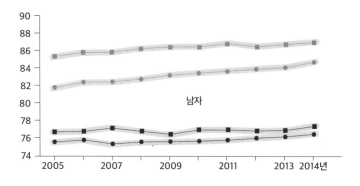

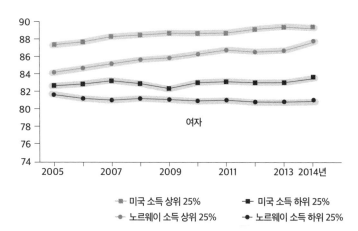

-■- 미국 소득 상위 25%　　　-■- 미국 소득 하위 25%
-●- 노르웨이 소득 상위 25%　　-●- 노르웨이 소득 하위 25%

자료: Chetty, Raj, et al.(2016) 및 Kinge, Jonas Minet, et al.(2019)에서 재구성

11-3. 소득 상위 계층과 하위 계층의 기대수명 추이(대한민국)

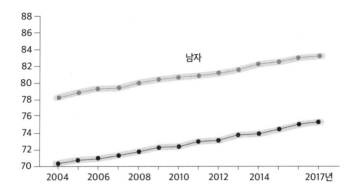

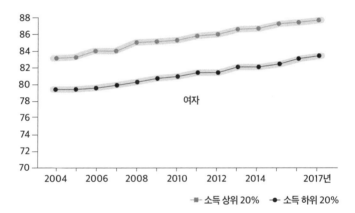

-■- 소득 상위 20%   -●- 소득 하위 20%

자료: Khang, Young-Ho, et al.(2019)에서 재구성

명이 77세로 8년 차이, 여자는 상위 계층이 88세, 하위 계층이 81세로 7년 차이가 있습니다. 두 나라 모두 격차가 점차 커지는 추세입니다.

서울대학교 의과대학 강영호 교수팀의 연구에 따르면, 우리나라도 소득 상위 20% 계층과 하위 20% 계층의 기대수명 격차가 상당합니다(〈11-3〉 참조).[4] 기대수명이 남자는 2017년 기준 상위 계층이 83세, 하위 계층이 75세로 8년 차이, 여자는 상위 계층이 88세, 하위 계층이 83세로 5년 차이입니다.

소득 수준별 기대수명 격차는 미국, 노르웨이, 한국이 모두 비슷합니다. 우리나라는 다행히 남자의 경우 격차가 줄어드는 경향이 있습니다(아마도 저소득층 남성의 흡연율이 감소했기 때문일 것입니다).

이렇듯 사회·경제학적 지위와 기대수명은 서로 맞물려 있습니다. 말기암 환자, 만성질환자, 알코올중독자, 혹은 병원에 가고 싶어도 갈 수 없는 환자는 평균적으로 더 가난한 사람들입니다. 또 우리 사회의 약자인 가난하고 교육받지 못한 사람, 갑자기 직장을 잃은 사람, 결혼 이주 여성, 외국인 노동자, 북한 이탈 주민 등은 더 많이 아픕니다.

사망률 낮추지 못한 1조 원짜리 국가 암 검진

그런데 사회·경제적 약자를 돕기 위한 정책이 늘 성공을 거두는 건 아닙니다. 제 박사학위 논문 첫 번째 장은 우리나라 국가 조기 암 검진의 효과를 평가한 내용입니다.[5]

우리나라는 2002년부터 40세 이상 모든 국민에게 2년마다 암 검진을 제공합니다. 처음엔 국가 암 검진이 큰 효과가 있을 것이라고 추측했습니다. 저를 경제학 공부로 이끈 그 촌부 같은 사람들에게 큰 도움이 되리라고 기대했죠.

분석 결과, 실제 국가 암 검진을 받은 사람들은 위암과 유방암을 더 많이 또 일찍 발견했습니다. 하지만 암 검진은 사망률 감소로 이어지지 않았습니다. 국가가 나서서 암의 조기 발견을 도왔는데 암 검진의 궁극적 목적인 죽음을 막지 못했다니 의아했습니다. 그 이유를 집요하게 파헤치며 박사과정의 마지막 해를 보냈습니다.

그 첫째 이유는, 우리 국민이 국가 암 검진 외에 다른 경로로도 쉽게 암을 발견할 수 있기 때문입니다. 의료 접근성이 높은 한국에선 속쓰림 같은 증상으로 병원에 방문해 내시경 검사를 하거나 민간 암 검진도 받습니다.

국가가 나서지 않아도 6개월 안에 이런 경로로 암을 발견합니다. 결국 국가 암 검진으로 암을 약간 더 빨리 발견한다고 해서 사망률이 눈에 띄게 줄어드는 건 아니었던 셈이죠.

둘째 이유는, 국가 암 검진 혜택이 정작 필요한 사람에게 전달되지 않았기 때문입니다. 국가 암 검진을 받지 않은 사람은 받은 사람보다 흡연이나 과음 등으로 (암종에 따라) 암으로 죽을 확률이 2~13배나 높았습니다. 암 검진이 더 필요한 사람들이 검진에 참여하지 않는 역설적인 현상이 발생한 것입니다.

정부와 국민건강보험공단은 건강검진에 연간 1조 원 넘게 씁니다. 하지만 그 효과는 제한적입니다. 민간 부문에서 이미 암 검진을 적절하게 제공하고 있다면 정부가 정책 실패의 위험성을 감수하면서까지 나설 필요는 없습니다.

장학금 주었는데 성적 떨어지는 이유

한편, 저는 아프리카 말라위에서 초등학생들의 학업 성취도를 높이기 위해 성적 장학금을 준 뒤 이를 평가했습니다.[6] 118개 학교에서 학생 7,400명을 대상으로 했죠. 학부모 월평균 소득의 4분의 1에 해당하는 1만 원을 학기 초에 상금으로 걸고, 기말고사 성적에 따라 나눠주기로 했습니다.

엄밀한 평가를 위해 학교를 무작위 세 집단으로 나누었습니다.

첫 번째 집단 학교의 학생들에겐 7,400명 중 상위 15%에 들면 상금을 주는 '일반 성적 장학금'을 제시했습니다. 성적 장학금의 문제는 학기 초 성적이 낮은 학생은 받기가 어렵다는 점입니다.

그래서 두 번째 집단 학생들에겐 '상대 성적 장학금'을 제시했습니다. 학생들을 학기 초 성적이 비슷한 100명씩 묶습니다. 이 100명 가운데 학기 말 성적이 15등 안에 든 학생한테 상금을 주는 것입니다. 하위권 학생들도 성적 장학금을 받을 수 있었죠.

마지막 집단은 성적 장학금 수령 기회를 주지 않은 비교군입니다.

실험 결과는 충격적이었습니다. 학생들의 성적이 특히 '일

11-4. '일반 성적 장학금'과 '상대 성적 장학금'이 학업 성취도에 미치는 영향

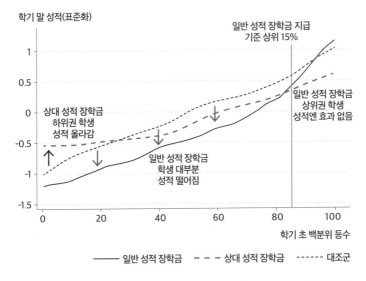

자료: Berry, Kim, and Son(2022)

반 성적 장학금' 집단에서 오히려 떨어진 거죠. 〈11-4〉에서 가로 축은 학기 초 성적의 백분위 등수, 세로 축은 학기 말 고사 성적입니다(평균을 0점, 분산을 1로 표준화). 실선은 '일반 성적 장학금' 집단, 긴 점선은 '상대 성적 장학금' 집단, 짧은 점선은 대조군의 성과입니다. 세로 선은 장학금 지급 기준인 상위 15%입니다. 세 선 모두 우상향하는 것은 학기 초 성적이 높은 학생들은 기말고사 성적도 높았다는 것을 보여줍니다.

놀랍게도 상위권의 소수를 제외하고 실선은 짧은 점선보다 항상 아래에 위치합니다. 이는 '일반 성적 장학금' 학생의 성적이 아무것도 하지 않은 비교군보다 낮다는 것을 의미합니다. 무려 0.31표준편차만큼 줄어들었습니다. 다행히 '상대 성적 장학금'과 대조군은 큰 차이가 없었고, 아주 하위권에서는 조금 오르기도 했습니다.

성적 장학금 수령 기회가 오히려 성적을 떨어뜨리다니 어찌 된 일일까요? 이는 "상위 15%가 되어 장학금을 받으라"는 메시지가 하위권 학생들을 좌절시켰기 때문입니다. '일반 성적 장학금' 집단에서 하위 85% 학생들은 공부하려는 의지, 자존감, 성실성 등이 모두 나빠졌습니다.

그러나 상위 15% 학생에게서는 이런 현상이 보이지 않았습니다. 제 연구는 선한 의도의 장학금일지라도 학생들을 좌절시켜 오히려 학업 성취도를 떨어뜨릴 수 있음을 보여줍니다.

당위와 직관 넘어 정책 효과 사전에 입증해야

뜨거운 마음으로 시작한 경제학 공부가 어느덧 20년 차에 들어섰습니다. 저는 중진 경제학자가 됐습니다. 이 세월은 뜨거운 마음만으로는 사회적 약자를 제대로 도울 수 없음을 깨달아가는 과정이기도 했습니다. 의도는 좋으나 작동하지 않는 정책이 너무도 많습니다.

이를 예방하려면 어떻게 해야 할까요? 정책은 설계 단계인 타당성 조사와 시범 사업에서부터 그 효과를 충분히 입증한 뒤 시행해야 합니다. 가령 정부가 성적 장학금 제도를 도입하려 한다면, 제가 했던 것과 같이 먼저 소규모 실험을 해보는 것입니다.

만일 실패한다면 다른 방법을 찾으면 됩니다. 그러나 우리 현실은 이상과 거리가 멉니다. 수많은 정책을 당위와 직관, 빈약한 증거를 토대로 도입합니다.

이와 관련한 모범적 사례가 있습니다. 1995년 멕시코의 산티아고 레비 재무부 차관은 새로운 빈곤 정책의 설계 책임을 맡았습니다. 보스턴대학교 경제학과 교수였던 그는 학자로서 전문성을 활용해 당시로선 혁신적인, '프로그레사PROGRESA'라는 이름이 붙은 조건부 현금 급여Conditional Cash Transfer 사업을 설계했죠.

빈곤층에게 무조건 보조금을 지급하는 게 아니라 자녀 예방접종을 완료한다든지 특정 조건을 충족해야 그 자격을 부여하는 내용입니다. 사업을 효과적으로 집행할 수 있도록 하겠다는 경제학자다운 발상이었습니다.

레비 차관은 이 정책이 성공할 거라 확신했지만 고민이 있었습니다. 정권이 바뀌면 그때마다 정책을 새로 만드는 악순환이 벌어질까 봐 걱정했습니다. 그는 만일 정책 효과를 과학적으로 입증하고 국민에게 알릴 수 있다면 새 정권도 함부로 기존 정책을 폐기하지 못할 거라고 봤습니다. '성과 평가impact evaluation를 통한 증거 기반 정책evidence-based policy'이 태동한 계기였습니다.

레비 차관은 무작위 통제를 기반으로 한 사회 실험을 통해 프로그레사가 실제 얼마나 효과를 거두고 있는지 조사했습니다. 즉, 정책을 적용할 지자체나 개인을 무작위로 선정해 사업을 진행한 다음, 그렇지 않은 집단과 비교하는 작업이죠. 멕시코 정부는 지자체 506곳 중 320곳을 무작위로 선정한 뒤 성공적이라고 판단될 경우 남은 186곳에 이를 확대한다는 방침을 세웠습니다.

프로그레사는 성공적이었습니다. 국민이 최소 소비 수준을 유지하면서 장기적으로 빈곤을 극복하는 의미 있는 변화가 포착된 것이죠. 취학률은 증가했고,[7] 질병이 감소했으며,[8] 아이들의 키·몸무게가 늘었습니다.[8,9]

빈곤 사업 관리 비용도 크지 않았습니다. 멕시코가 실험한 조건부 현금 급여 복지 정책은 국제사회의 주목을 받아 니카라과·콜롬비아·칠레·온두라스·브라질·페루를 비롯해 아프리카 말라위와 잠비아까지 퍼져나갔습니다.[10]

레비 차관의 바람대로 차기 정부들도 프로그레사를 '오포르투니다데스Oportunidades'라고 이름만 바꿨을 뿐 골격은 유지한 채 수십 년이 지난 지금까지 이어가고 있습니다.[10] 엄밀한 성과 평가가 이뤄지면서 정책 필요성에 대한 공감대가 형성된 영향이 컸습니다.

미국의 경우 사회 실험을 통해 정책 효과를 입증한 오랜 역사가 있습니다. 미국의 굵직한 정부 지출 사업 중 건강보험,[11] 각종 고용 촉진 프로그램,[12,13] 저소득층 주택 바우처,[14] 음의 소득세[15,16] 같은 사회복지 정책 등이 모두 사회 실험 대상이었습니다. 최근에는 핀란드,[17] 아프리카 케냐에서도[18] 기본 소득에 대한 사회 실험을 진행 중입니다.

다음 장에서 소개할 안심 소득(음의 소득세)과 기본 소득은 우리나라 사회 시스템의 근간을 바꿀 만한 굵직한 정책입니다. 하지만 이것이 우리 사회에서 잘 작동할지에 대한 증거는 아직 없습니다. "악마는 디테일에 있다"라는 말처럼 구체적 실행 방안에 따라 효과가 달라질 수도 있죠.

파격적인 소득 보장 정책을 도입하려면 먼저 우리 실정에 맞게 각론을 세심하게 설계하고, 핀란드가 했던 것처럼 사회 실험을 통해 그 효과를 증명해야 합니다. 그리고 그 결과를 국민 앞에 내놓고 판단을 받아야 할 것입니다.

정책은 의료 시술처럼 이루어져야 합니다. 엄밀한 연구로 정확하게 진단하고 해결책을 찾는 것이 필요합니다. 의사가 질병을 정밀하게 진단하고 의학적 근거에 따라 처방 및 치료하는 과정 같은 정책이 사람을 살리는 진짜 정책입니다.

안심 소득 혹은
기본 소득이라는 대안

: 한국의 싸구려 복지

'저복지' 국가에서 가난한 사람들의 삶은 힘겹습니다.
국가가 국민의 삶을 충분히 보호해주지 못하기 때문이죠.

2018년 OECD의 사회 지출 조사에 의하면 우리나라의 공공 사회
복지 지출은 GDP 대비 10.8%로 비교 대상인 OECD 36개국 중
35위입니다.[1] 우리나라보다 공공 사회복지 지출이 낮은 나라는
멕시코가 유일하죠.

저부담 국가 한국

한국은 '저부담' 국가입니다. 세금과 사회보장 기여금(공적 연금, 사회보험 납부액)의 규모가 GDP 대비 얼마나 되는지를 보여주는 지표인 '국민 부담률' 또한 2018년 26.7%로 OECD 평균 (34.0%)보다 매우 낮습니다. 그동안 개선이 없었던 것은 아닙니다. 〈12-1〉에서 실선은 우리나라의 1991년 이후 발자취입니다. '극저 복지-극저 부담' 국가에서 많이 발전했지만, 아직도 갈 길이 멀다 하겠습니다.

(부자에게 더 많은) 세금을 걷어서 사회복지 지출을 하면 소득 불평등이 개선됩니다. 그런데 우리나라의 정책은 불평등 개선 효과도 별로 없습니다. 지니계수가 소득 불평등의 정도를 측정하는 지수이므로, '세전·세후 지니계수 개선율'을 살펴보면 세제와 복지를 통한 불평등 개선 효과를 알 수 있습니다.

한국의 세전·세후 지니계수 개선율은 2017년 기준 12.6%로 OECD 국가 중 뒤에서 다섯 번째입니다.[2] 평균(32.9%)의 절반에도 못 미치죠. 복지 지출도 크지 않지만 소득세제도 문제입니다. 우리나라의 소득세는 비교적 누진적인 세율 구조이긴 하나 소득공제와 세액공제 및 감면이 역진적이라(즉, 고소득층에 혜택이 집중되어) 실제 소득 재분배 효과가 제한적입니다.

말도 많고 탈도 많은 기초생활보장제도

기초생활보장제도는 기초 연금, 공적 연금 등과 더불어 공공

12-1. 2018년 GDP 대비 공공 사회복지 지출 비율과 국민 부담률

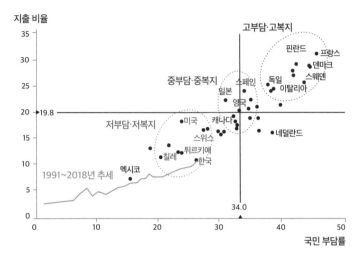

자료: 국회예산정책처(2018), 〈OECD 주요국의 공공사회복지지출 현황〉

사회복지 제도의 가장 중요한 요소입니다. 가장 가난한 사람들을 보호하기 위한 제도죠. 복잡한 계산을 통해 생계 급여, 의료 급여, 주거 급여, 교육 급여 등을 제공합니다.

〈12-2〉는 한 가족의 소득 수준에 따른 혜택을 보여줍니다. 우리나라의 모든 가정을 한 줄로 세웠을 때 딱 중간에 위치한 가정의 소득을 중위 소득이라고 합니다. 2023년 기준으로 중위 소득의 30% 미만이면 4가지 급여를 모두 받습니다. 만일 중위 소득의 30~40%에 위치하면 생계급여를 제외한 나머지

12-2. 기초생활보장 급여 체계(맞춤형 개별 급여)

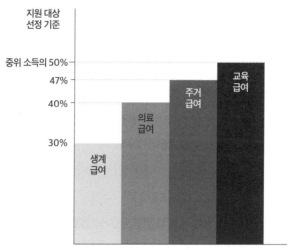

지원 대상
선정 기준

중위 소득의 50%
47%
40%
30%

교육
급여

주거
급여

의료
급여

생계
급여

급여별 선정 기준에 따른 대상자

3가지 급여를 받고, 중위소득의 47%-50% 사이에 위치하면 교육급여만 받습니다.

그런데 여기엔 다양한 문제점이 존재합니다. 가장 큰 허점은 복지 수급의 '선별 조건'에서 나옵니다. 어떤 조건을 만족시켜야만 복지 혜택을 받을 수 있는데, 때로는 이 조건이 족쇄로 작용합니다.

예를 들면 '부양 의무자 조건'입니다. 연락이 끊긴 자녀의 수입 때문에 생계 수단이 막막한 부모가 의료 급여 혜택을 받을 수 없게 됩니다.

재산 기준도 그렇습니다. 2022년 서울 창신동에서 숨진 지 한 달이 지나 발견된 80대 노모와 50대 아들은 90년 전 지어진 쓰러져가는 집을 소유했다는 이유로 생계 급여 지원 조건을 충족하지 못했습니다. 병원을 이용하려고 혹시라도 200만 원짜리 자동차를 구입하면 수급자가 되는 건 거의 불가능합니다.

또 65세 미만이면 아무리 아파도 반드시 일을 하거나 혹은 노동 능력이 없음을 증명해야만 생계 급여 수급 대상자가 될 수 있습니다.

둘째로, 일을 할 유인이 별로 없습니다. 일을 했다가 자칫하면 오히려 손해가 생길 수 있기 때문입니다. 노동을 하면 번 돈 대부분이 생계 급여에서 깎여나갑니다. 충분히 돈을 벌지 않는 한 괜히 일을 했다간 교통비 등의 지출로 오히려 손해가 납니다. 임시직으로 일했다가 해고되면 한동안 생계 급여만 못 받는 처지가 됩니다. 기초생활보장제도에서 주는 급여만으로는 삶이 너무 빡빡하지만, 그렇다고 일을 하기도 쉽지 않은 구조입니다.

마지막으로, 복지 혜택을 받기 위해 개인이 직접 필요한 서류를 모두 준비해서 공공 기관에 제출해야 합니다. 여기에 드는 국민의 시간 비용, 또 이를 관리하고 확인하는 공무원의 비용이 상당합니다. 이와 더불어 가난함을 증명하는 과정이 주는 괴로움도 헤아릴 수 있어야 합니다.

위는 우리나라만의 문제가 아닙니다. 모든 선진국의 복지 제도에서 똑같이 나타나죠. 2016년 칸영화제 황금종려상 수상

12-3. 기초생활보장제도

기초생활보장제도의 대상자가 되기 위한 과정은 복잡합니다. 수급 여부는 '소득 인정액'에 따라 다릅니다. 이는 소득 평가액과 재산의 소득 환산액으로 결정되죠. 소득 평가액과 재산의 소득 환산액은 아래 공식에 따라 계산하는데, 각 항목의 계산이 여간 복잡한 게 아닙니다. 그런 다음 소득 인정액과 중위 소득을 비교합니다. 결국 수급 여부는 매년 발표되는 기준 중위 소득(국민이 100명이라면 50위의 소득)에 따라 달라집니다. 2022년의 기준 중위 소득은 3인 가구 기준 419만 원입니다.

소득 인정액 결정식
- 소득 인정액 = 소득 평가액 + 재산의 소득 환산액
- 소득 평가액 = [실제 소득 − 가구 특성별 지출 비용 − (근로소득 공제 + 그 밖의 추가적인 지출)]
- 재산의 소득 환산액 = (재산 가액 − 기본 재산액 − 부채) × 소득 환산율

2022년 기준 중위 소득(원)

1인 가구	2인 가구	3인 가구	4인 가구
1,944,812	3,260,085	4,194,701	5,121,080

가구의 소득 인정액은 다음의 '가구 규모별, 급여 종류별 선정 기준'과 비교해 급여 종류별로 수급자를 선정하고 생계·주거 급여액을 결정합니다. 가령 생계 급여는 3인 가구 기준 중위 소득의 30%인 월 소득 126만 원 이하 가족에게 적용됩니다. 월 소득이 80만 원이라면, 생계 급여로 46만 원을 더해 최소 126만 원의 소득을 보장합니다.

작 〈나, 다니엘 블레이크〉는 허점투성이 복지 제도에 대한 고발을 담고 있습니다.

영국에서 부인과 사별하고 혼자 살아가는 30년 경력의 목수 다니엘 블레이크는 어느 날 심장병이 악화해 일을 할 수 없게 됩니다. 그래서 수당을 청구했으나 건강 상태가 충분히 나쁘지 않아 지급 기준에 부합하지 않는다는 이유로 반려됩니다.

그나마 실업수당을 받게 되었지만 스마트폰이나 컴퓨터 등을 사용해서 구직 활동을 하라는 정부의 지침에 비협조적이라는 이유로 이마저도 끊깁니다. 그렇게 다니엘은 아무런 보호도 받지 못한 채 죽어갑니다.

영화의 다른 주인공은 아이 둘을 키우는 미혼모 케이티입니다. 케이티는 구직 활동을 조건으로 정부 보조금을 받고 있었는데, 구직센터 상담 시간에 단 몇 분 늦었다는 이유로 복지 제재 대상이 됩니다.

보조금을 받지 못한 케이티는 결국 성매매로 내몰립니다. 복지 혜택을 받기 위해 끊임없이 무언가를 (불필요하게) 입증해야 하고, 그렇게 인간으로서 자존감이 허물어져가는 모습을 영화는 사실적으로 잘 그렸습니다.

소득 보장의 대안들

이렇게 기존 소득 보장 제도에 문제가 많기 때문에 대안적인 소득 분배 제도에 대한 논의가 생겨났습니다. 가장 먼저 등장

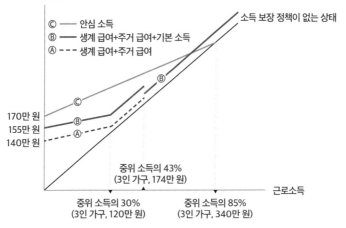

12-4. 3인 가구 기준 세후 근로소득과 소득 보장을 통한 가처분소득

소득 보장을 통한
가처분소득

ⓒ —— 안심 소득
ⓑ —— 생계 급여+주거 급여+기본 소득
ⓐ --- 생계 급여+주거 급여

소득 보장 정책이 없는 상태

ⓑ

ⓒ

170만 원
155만 원   ⓑ
140만 원   ⓐ

중위 소득의 43%
(3인 가구, 174만 원)

근로소득

중위 소득의 30%
(3인 가구, 120만 원)

중위 소득의 85%
(3인 가구, 340만 원)

한 대안은 저명한 경제학자 밀턴 프리드먼Milton Friedman이 제
시한 '음의 소득세Negative Income Tax'입니다. 대부분의 복지
정책을 단일화해서 일정 소득 이하에서는 일정 비율로 보조
금, 그러니까 음의 세금을 지급하자는 게 골자입니다.

2022년부터 오세훈 서울시장 주도로 서울시에서 시범 사
업을 실시하고 있는 '안심 소득'도 (약간 변경된) 음의 소득세입
니다. 서울시의 안은 생계·주거·교육 급여를 없애고(의료 급
여, 국민연금, 실업 급여 등은 그대로 둡니다), 그 대신 서울시가 정

한 기준 소득(중위 소득의 85%)과 실제 소득 간 차이의 50%를 지급하는 정책입니다. (소득 이외에) 안심 소득의 유일한 기준은 재산이 3억2,600만 원을 넘지 않는 것입니다.

〈12-4〉에서 가로 축은 서울에 거주하는 3인 가구 기준의 시장 소득, 그러니까 어떠한 소득 보장 제도의 개입도 없는 가계의 세후 근로소득을 뜻합니다. 세로 축은 여러 종류의 소득 보장 제도의 적용을 받고 난 후의 가처분소득을 나타냅니다.

기초생활보장제도의 생계 급여와 주거 급여는 A로 표시되어 있습니다. 예컨대 2021년 기준 우리나라 3인 가구의 중위 소득은 약 400만 원입니다. 중위 소득의 30%인 월 120만 원 미만 소득이 있는 경우 생계 급여와 주거 급여를 통해 소득 보전을 해줍니다.

안심 소득을 적용해보면 어떻게 될까요? C가 그 결과입니다. 저소득층의 현금성 복지가 크게 늘어나는 것을 알 수 있습니다. 중위 소득의 85%면 340만 원입니다. 실제 소득이 140만 원이면 이전에는 기초생활보장 생계 급여의 적용을 받지 못했습니다. 안심 소득하에서는 이 둘 차이의 50%인 월 100만 원을 지급받습니다. 물론 소득이 중위 소득의 85%인 340만 원이 넘는다면 지원을 받을 수 없겠지요. 현행 서울시의 안심 소득을 전국 단위로 확장한다면 연간 대략 25조~35조 원이 소요됩니다.

이재명 더불어민주당 대표가 경기도지사 시절부터 주장한 '기본 소득'은 어떨까요? 기본 소득은 모두에게 같은 액수를 지급합니다. (안심 소득에 필요한 액수와 비슷한) 30조 원을 모든 국민에게 골고루 나누어주면 1인당 연간 60만 원이 돌아갑니다. 3인 가족이면 연 180만 원, 월로 계산하면 15만 원입니다(기존 기초생활보장제도와 기본 소득을 동시에 적용한 가처분소득).

기본 소득은 가난한 사람에게 집중하는 하후상박下厚上薄이 아닌, 모두에게 동일한 액수를 나누어주는 방식입니다. 이는 소득 재분배 효과가 매우 떨어집니다. 같은 수준의 부의 재분배 효과를 위해서 기본 소득은 안심 소득에 비해 훨씬 더 많은 지출이 필요합니다.

따라서 기본 소득을 제대로 실현하기 위해서는 누진세를 대폭 강화하는 등의 세제 개선을 동반할 수밖에 없습니다. 그렇게 해야만 안심 소득 수준의 부의 재분배 효과를 달성할 수 있습니다.

결국 기본 소득의 성패는 소득세제를 얼마나 누진적으로 바꿀 수 있는가에 달려 있습니다. 혹은 이 엄청난 비용을 감당할 다른 재원을 마련해야죠. 과감한 증세가 없다면, 기본 소득은 푼돈 수준의 매우 적은 금액을 국민들에게 나누어주는, 부의 재분배 기능도 실제적인 사회 보장 기능도 미미한 정책이 될 것입니다.

안심 소득과 기본 소득 모두 공통적인 장점이 있습니다. 기존 기초생활보장제도에 비해, 두 제도 모두 일을 할 유인을 충분히 유지합니다. 일을 한다고 해서 복지 혜택이 일순간에 사라지는 문제를 원천 차단했기 때문이죠. 이 점에서는 둘 다 기존 소득 보장 제도의 허점을 극복하는 좋은 방안이라고 할 수 있습니다.

기본 소득은 적어도 지원 과정에서 자산·소득 조사가 필요 없다는 장점이 있습니다. 그런 점에서 혹자는 안심 소득보다 기본 소득이 낫다고 주장합니다. 안심 소득은 선별을 해야 하고 기본 소득은 선별 과정이 없어서 행정 비용 감소에 우위가 있다는 거죠. 하지만 기본 소득의 목표 달성을 위해서는 소득세제 개선이 반드시 동반되어야 하므로, 결국 소득에 의한 선별은 모든 제도에 해당하는 셈이죠.

학자로서 저는 같은 재원으로 불평등 개선 효과(부의 재분배 효과)가 월등한 안심 소득을 지지하는 쪽입니다. 기본 소득은 강력한 누진세제를 도입하는 데 따른 국민의 동의가 반드시 있어야 고려할 수 있습니다. 하지만 기본 소득은 낮은 불평등 개선 효과로 인해 대한민국에서 당분간 도입하기는 어렵다고 생각합니다.

우리나라는 OECD 국가 중 노인 빈곤율 1위의 오명을 쓰고 있습니다. 빈곤 상황이 이만큼 위중하기 때문에 어려운 분들을 우선 집중적으로 도와야 한다고 생각합니다.

안심 소득과 기본 소득은 모두 실제 현장에서 연구 중입니다. 2023년 7월 처음 지급하기 시작한 안심 소득은 우리나라 최초의 사회 실험입니다. 서울시의 지원 가구 중에 무작위로 1,300가구를 뽑아 안심 소득을 지원하고, 2,600가구는 기존 방식의 사회복지 혜택을 받게 됩니다. 향후 5년간 시범 사업을 지속하면서 그 효과를 연구할 예정입니다.

경기도에서는 소득 3,700만 원 미만의 영세 농민 개개인에게 월 5만 원의 지역화폐를 지급하는 농민 기본 소득 시범 사업을 시작했습니다. 2021년에 6개 시군에서 도입했고, 2022년에는 17개 시군으로 늘어났습니다. 경기도 연천군 청산면에서는 모든 주민에게 월 15만 원씩 기본 소득을 지급하고 있습니다. 아쉽게도 사회 실험의 형태를 갖추지는 못했지만 유의미한 교훈을 얻을 것입니다.

머지않은 미래에 서울시와 경기도의 연구 결과를 통해 두 제도의 비용 및 효과를 살펴볼 수 있을 것 같습니다. 대안적 소득 보장 제도는 삶의 질 향상을 넘어 노동 공급, 자녀 교육, 행복, 공동체 의식에까지 영향을 줄 수 있으리라 생각합니다. 이에 대한 최종 판단은 그때 더 분명하게 할 수 있을 겁니다. 우리나라 사회복지 체계의 근본을 뒤흔들 두 제도, 우리 모두 관심 있게 지켜봅시다.

싼 의료비의 비싼 대가

: 건강보험 보장성 확대 정책의 장단점

얼마 전 50대 남자 홍길동 씨는 두통으로 병원을 찾았습니다. 뇌종양일 가능성은 거의 없지만, 의사가 혹시 모르니 뇌 MRI(자기공명영상)를 찍어보자 했습니다. 예전 같으면 굳이 100만 원에 달하는 검사를 하지 않았을 테지만 불과 14만 원이라는 사실을 알고 선뜻 검사를 받았습니다.

'MRI 가격이 많이 착해졌구나' 고마운 마음이 들었습니다. 하지만 문득 걱정도 되었습니다. 국가가 부담해야 하는 비용이 만만치 않을 텐데 이렇게 (불필요하게) 검사를 많이 해도 될까. 홍길동 씨의 이 걱정은 기우일까요? 이것은 과연 좋은 정책일까요?

우리나라 건강보험 부담률

우리나라는 건강보험 적용 의료 서비스를 받아도 의료비의 30~50%를 본인이 부담해야 합니다. 건강보험이 적용되지 않는 의료 서비스도 많이 있습니다. 가령 MRI와 초음파 검사는 오랫동안 건강보험 적용 대상이 아니어서 환자가 오롯이 그 부담을 져야 했습니다. 일본도 우리와 비슷하게 본인 부담률이 높은 나라입니다. 하지만 북미권과 유럽의 선진국들은 본인 부담이 거의 없는 편이죠.

무엇이 더 낫냐고요? 장단점이 있습니다. 본인 부담이 많을 경우, 꼭 필요한 치료가 아니라면 굳이 받으려 하지 않을 것입니다. 경제학 용어로 '도덕적 해이'를 줄여준다고 합니다. 하지만 이로 인해 꼭 필요한 치료를 받지 못하는 경우가 생길 수도 있습니다. 또한 지나친 의료비 지출로 인한 경제적 충격을 덜어주는 건강보험의 목표 달성에 제한이 생길 수도 있습니다.

우리나라는 전체 GDP에서 의료비가 차지하는 비중이 2019년 기준 8%입니다. 미국이 17.0%, 일본이 11.1%, OECD 국가 평균이 8.8%로 우리나라보다 높습니다. 저는 우리나라가 의료비를 과다하지 않게 유지하는 중요한 비결 중 하나는 상대적으로 높은 본인 부담률에 있다고 생각합니다. 개인이 각자 의료비를 더 내는 게 궁극적으로 전체 의료비를 낮추는 데 기여한다는 말입니다. 이 논리는 어떻게 성립할 수 있을까요? 지금부터 그 이야기를 해보려고 합니다.

2017년 정부는 의료비 보장성 강화 정책을 적극적으로 추진했습니다. '건강보험의 보장률이 낮다'는 문제의식에서 출발한, 이른바 '문재인 케어'입니다. 16세 미만 어린이 및 청소년의 입원 본인 부담률을 20%에서 5%로 인하했습니다. MRI와 초음파 검사에도 건강보험 급여를 적용했습니다. 가령 종합병원에서 뇌 MRI 검사를 받을 때 이전에는 평균 48만 원을 환자가 전액 부담해야 했지만, 이를 약 29만 원으로 표준화하고, 환자는 이 가운데 대략 50%인 15만 원만 부담하게 되었습니다(〈13-1〉 참조).

이후 연간 7,000억~4조 5,000억 원 흑자이던 건강보험 수지는 2018년 1,778억 원, 2019년 2조 8,000억 원 적자를 기록했습니다. 반면, 개인이 부담해야 하는 의료비는 줄어들었습니다. 건강보험 보장률은 2017년 이전 대략 63% 수준에서 2019년 65.3%로 소폭 상승했습니다. 이 정책이 국민들에게 과연 이익이 되었을까요?

병원비는 적게 내고 환자가 받는 혜택은 늘었습니다. 하지만 우리는 '건강보험료'로 그 비용을 지불하고 있습니다. 만일 건강보험에서 부담하는 의료 서비스가 늘어나고 본인 부담률이 줄어든다면 건강보험료가 올라갈 수밖에 없습니다. 복지 지출이 늘 때 세금 부담이 커지는 것과 같은 원리죠.

적절한 본인 부담금의 중요성을 보여주는 좋은 예가 바로 실손 보험입니다. 실손 보험을 처음 도입했을 때는 환자의 본인 부담이 거의 없었습니다. 실손 보험에 가입한 사람들은 급격하게 의료 이용을 늘렸습니다. 물론 꼭 필요한 의료 서비스도 있었지만 오남용도 많았습니다. 결국 실손 보험업계는 이

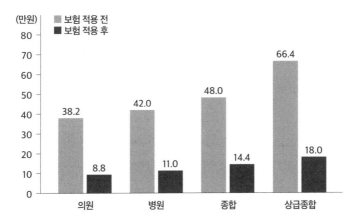

13-1. 뇌 일반 MRI 환자 부담액 변화

(만원)
- 보험 적용 전
- 보험 적용 후

의원: 38.2 / 8.8
병원: 42.0 / 11.0
종합: 48.0 / 14.4
상급종합: 66.4 / 18.0

주: 보험적용 전 가격은 뇌 일반 MRI 비급여 평균가격 기준
자료: 보건복지부

를 감당할 수 없어 큰 손해를 보았습니다. 그래서 지금의 실손 보험은 본인 부담을 많이 늘렸죠.

결국 의료비가 싸졌다고 마냥 좋아할 이유가 없습니다. 결국은 건강보험료로 그 값을 지불해야 합니다. 건강보험 수지가 계속 적자이면 건강보험료는 올라갈 수밖에 없습니다. 따라서 건강보험을 적용한 의료 서비스가 정말 사람을 살리는지, 삶의 질을 개선하는지 살펴보아야 합니다. 만일 그렇지 않다면 불필요한 지출이 되고 마는 것이죠.

성공적이지 못했던 청소년 입원 본인 부담금 감면 정책

보건경제학자인 싱가포르경영대학교 김성훈 교수와 고려대학교 고강혁 교수 연구팀이 2018년 청소년 본인 부담금 감면 정책의 효과를 분석했습니다. 외래 진료 등 다른 의료서비스의 본인 부담률 변화는 없었습니다.[1]

정책 시행 시점에 16세가 갓 넘어 입원 본인 부담금이 20%인 청소년들과, 15세 미만이라 본인 부담이 5%로 경감된 사람들을 비교했죠. 생일이 하루이틀 차이라 다른 특성들은 다 비슷한데, 정책으로 인해 입원 본인 부담금이 크게 달라지고 만 사람들입니다.

입원 의료비가 싸지자 청소년들은 더 많이 병원에 입원했고(입원 6.3% 증가), 입원을 해서도 비용이 더 증가하는 결과가 나타났습니다(입원당 의료비 8.3% 증가). 결국 청소년 입원에 따른 전체 의료비가 11.5%나 증가했습니다. 물론 본인 부담금이 대폭 줄어든 만큼 환자(가족)의 실제 자기 부담금액도 줄었지만요.

그런데 안타깝게도 이러한 변화는 건강 증진으로 이어지지 않았습니다. 청소년들의 사망, 삶의 질, 주관적 건강 수준에 별다른 변화를 일으키지 못했습니다. 물론 통계가 미세한 변화까지 완벽하게 잡아낼 수는 없습니다만, 적어도 눈에 띄는 변화를 만드는 데는 실패한 셈이죠.

연구 결과를 해석해보면 다음과 같습니다. 입원 의료비가 싸지니 외래 진료로도 충분한데 굳이 입원하는 사람들이 생겼습니다. 입원하고 나서도 꼭 필요한 치료나 검사가 아닌데 더 쉽게 하는 경향이 나타났습니다(싸니까, 5%만 내면 되니까).

환자가 더 원해서일 수도 있고, 의사가 더 적극적으로 권해서일 수도 있겠죠. 그런데 이는 청소년 건강 증진으로 이어지지 못했습니다. 청소년 의료비 경감은 선한 의도를 가진 정책입니다만, 성공적인 정책이라고 평가할 수는 없을 것 같습니다.

이웃 나라 일본에서도 비슷한 사례를 찾아볼 수 있습니다. 일본에서는 70세 생일이 되면 의료비의 본인 부담이 갑자기 30%에서 10%로 줄어듭니다. 저소득 노인들을 경제적으로 보호한다는 명목 아래 도입한 정책입니다.

도쿄대학교의 경제학자 시게오카 히토시Shigeoka Hitoshi는 이러한 변화가 입원과 외래 진료를 대략 10% 정도 증가시켰음을 관찰했습니다.[2] 정책이 의도했던, 본인 부담 의료비의 획기적인 감소에도 성공하지 못했습니다.

가장 가난한 일부 집단을 제외하고는 본인 부담 의료비도 별로 줄어들지 않았습니다. 무엇보다 안타까운 것은 (싸니까) 병원을 더 많이 이용했지만 이것이 노인의 사망률, (주관적인) 건강 및 정신 건강에 변화를 가져오지는 못했다는 점입니다.

3년 만에 3배 늘어난 MRI·초음파 검사량

2017년 우리 정부에서 수행한 보장성 강화 정책의 또 다른 큰 축은 MRI와 초음파 검사의 급여화입니다. 이로써 검사가 급격하게 증가했습니다. MRI 검사는 2017년 140만 건에서 2020년

13-2. MRI · 초음파 촬영 현황

1,631만 건(1조 4,260억 원)

1,044만 건(9,641억 원)

762만 건(7,136억 원)

초음파
529만 건(5,027억 원)

354만 건(7,121억 원)

140만 건(3,876억 원)

355만 건(7,292억 원)

MRI

189만 건(4,621억 원)

2017   2018   2019   2020년

자료: 건강보험심사평가원

354만 건으로 2.5배, 같은 기간 초음파는 529만 건에서 1,631만 건으로 3배 이상 증가했습니다.[3]

그 결과 MRI 진료비는 2017년 3,876억 원에서 2020년 7,121억 원, 초음파는 5,027억 원에서 1조4,260억 원으로 크게 늘어났습니다. 아직 체계적 연구가 이루어지지는 않았습니다만, 이러한 급격한 검사량 증가가 정말 꼭 필요한 것이었을지

의문이 듭니다. 결국, 2023년 들어 일부 MRI 검사에 대한 건강보험 적용이 취소되었습니다. 저는 바람직한 개편이라고 생각합니다.

코로나19 팬데믹 기간에, 저는 이 돈을 병실 구조를 6인실 중심에서 1인실로 바꾸는 데 썼으면 어땠을까 하고 생각했습니다. 다인실 병상 구조는 병원 내 감염에 취약합니다. 이로 인해 코로나19를 포함한 감염병 대응에 어려움이 큽니다.

대부분의 다른 선진국처럼, 최소한 중환자실과 응급실만은 1인실로 전환해야 합니다. MRI와 초음파 추가 급여화로 지출되는 매년 1조 원에 이르는 비용을 여기에 투자했으면 어땠을까 하는 아쉬움이 남습니다.

하지만 보장성 강화의 바람직한 변화 방향도 있습니다. 효과를 검증받은 희귀 난치병 및 중증 질환의 신약에 건강보험을 적용하는 정책입니다. 가령, 새로운 암 치료제가 더 낫다는 명백한 증거가 있는데도 기존 치료제에만 보험을 적용하거나, 기존 치료제의 효과가 없는 것이 확인되어야만 새로운 약에 보험을 적용하는 경우가 여전히 많습니다.

대장암 표적 항암제인 얼비툭스는 꼭 필요한 치료제임에도 건강보험 대상이 되지 않아 환자 부담이 무려 월 450만 원에 달했습니다. 치료를 포기하는 환자가 속출했죠. 그러나 2014년 보험을 적용받게 되어 이제는 월 23만 원이면 치료를 받을 수 있습니다.

2022년에는 유전 질환인 소아척추성근위축증을 근본적으로 치료하는 약제인 졸겐스마를 급여화했습니다. 치료를 받지 못하면 2세 전에 대부분 사망하는 병입니다. 20억 원 넘는 치료비가 걸림돌이었으나, 급여화 이후 600만 원 정도에 치료를 받을 수 있게 되었습니다. 건강보험의 진짜 목적이 바로 여기 있습니다.

우리나라는 지금까지 상대적으로 높은 본인 부담금을 통해 성공적으로 불필요한 의료 서비스를 억제했습니다. 본인 부담금의 큰 장점입니다. 이로 인해 가계에 지나친 의료비 지출이 발생하면 어떡하냐고요? 본인 부담금의 최대치를 정하고, 그 이상은 부담을 면제하는 본인 부담금 상한제로 해결할 수 있습니다.

건강보험 보장률을 올려야 한다고 목소리를 높이는 정치인과 학자들이 많지만, 이것 자체가 목표가 되어서는 안 됩니다. 국민의 실질적 건강을 증진하고, 지나친 의료비 지출로 인한 경제적 어려움을 막는 것이 목표가 되어야 합니다. 그렇기에 단순히 "보장률을 높이겠다"가 아니라 "추가 지출을 어디에 하느냐?"가 중요한 것입니다.

건강보험 적용의 우선순위 설정이 핵심이죠. 생명과 직결된, 새롭게 효과가 검증된 항암제는 최우선 순위로 두어야 하고, 경증 질환의 본인 부담은 줄일 이유가 없다고 생각합니다. 이런 관점에서 지난 대선 때 크게 회자되었던 탈모제의 건강보험 적용 공약은 적절하다고 할 수 없습니다.

그런데 의료비 본인 부담금이 늘 긍정적으로만 작용하는 것은 아닙니다. 하버드대학교 경제학자 아미타브 챈드라 Amitabh Chandra 등은 미국에서 약값의 본인 부담금을 대략

30%에서 40%로 올렸더니, 고지혈증 및 고혈압 치료제의 사용이 23% 줄고, 이로 인해 사망률이 무려 33%나 증가했음을 밝혀냈습니다.[4] 미국처럼 저소득층의 의료 이용이 크게 제한적인 나라에서는 높은 본인 부담금이 부정적으로 작용하는 것입니다.

아프리카의 최빈국도 마찬가지입니다. 국제 개발 분야에서 저개발 국가에 각종 보건 의료 서비스를 제공할 때 무료로 하는 것이 나을지 아주 낮은 금액이더라도(가령 1,000원) 본인 부담금을 지울지에 대한 논쟁이 격화되었습니다.

무료로 제공해야 한다는 분들은 적은 본인 부담금에도 불구하고 꼭 필요한 사람이 이를 받지 못할 수 있다고 걱정했습니다. 적더라도 본인 부담금을 적용해야 한다는 분들은 무료로 준 물건은 방치 또는 오남용될 수 있다고 걱정했죠.

스탠퍼드대학교의 경제학자 파스칼린 두파Pascaline Dupas 와 하버드대학교의 경제학자 제시카 코헨Jessica Cohen이 케냐에서 이를 검증해보았습니다.[5] 무작위로 뽑은 일부 지역에서는 무료로, 또 다른 지역에서는 아주 저렴한 가격에 말라리아 예방에 필수적인 모기장을 배포했습니다.

연구 결과, 아주 적은 본인 부담금도 필수 의료 서비스의 수요를 크게 낮추었습니다. 안타까운 점은 말라리아에 가장 취약한 사람들이 모기장 구매를 포기했다는 사실입니다. 이처럼 가난한 나라에서는 본인 부담금이 나쁘게 작동할 수 있습니다.

지금까지 국민의 부담을 줄여주려는 선한 의도를 가진 보장성 확대 정책의 장단점을 생각해보았습니다. 많은 사람이 혜택을 보는, 경증 질환 치료를 저렴하게 하는 정책은 필요성이 낮지만 선거 기간 표심에 영향을 줍니다.

반면 소수의 사람이 혜택을 보고 목돈이 드는, 중증 질환 치료비를 줄여주는 정책은 꼭 필요하지만 득표에 별 도움이 되지 않죠. 그 탓에 건강보험이 가장 아픈 사람을 충분히 보호하는 역할을 제대로 감당하지 못하고 있습니다. 이러한 한계를 넘어설 수 있도록, 정책 입안자와 국민의 분별력 있는 의지가 필요합니다.

의사에게도
봉사 정신보다
인생의 성취가 우선이다

: 공공 의대가 성공하기 어려운 이유

2020년 7월, 정부·여당은 지역 의료 격차 해소를 위한 '의대 정원 한시적 증원 방안'을 발표했습니다.

연간 3,000명 정도 배출되는 의사를 해마다 400명씩 10년 동안 총 4,000명을 증원하겠다는 것이었습니다. 증원 방식은 공공 의대와 지역 의사 특별 전형이었죠. 장학금을 받고 의사가 된 이들을 의료 취약 지역에 10년간 복무하게 한다는 내용입니다.

의사의 수가 정말 부족할까

정부는 이러한 정책의 필요성에 대해 ①우리나라 의사 수가 OECD 국가 평균보다 상당히 낮고 ②특별히 지방에 의사가 부족하며 ③소아외과·중증외상외과·흉부외과·감염내과 등의 특정 기피 전공 의사가 많이 부족하다는 점을 들었습니다.

이는 의료계의 큰 반발을 샀고, 한동안 의사들은 파업을 불사했습니다. 좋은 의도로 보이는 이 정책에 의사들은 왜 이렇게 반대했던 것일까요?

우선 정부의 설명이 사실인지 확인해보겠습니다.

현재 의사 수가 부족한지에 대해서는 단정 지어 이야기하기 어렵지만 점점 더 부족해질 것으로 보입니다. 2019년 OECD 보건의료 통계에 의하면, 우리나라 임상 의사의 수는 인구 1,000명당 2.3명으로 OECD 국가 평균 3.5명에 미치지 못합니다.

하지만 우리나라의 연령 표준화 사망률 등 각종 보건 관련 지표는 세계 최고 수준이죠.[1] 의료 이용 지표 또한 매우 높습니다. 우리나라는 국민 1인당 외래 진료 횟수가 연간 16.9회로 세계에서 가장 많죠(〈14-1〉 참조). 수술 대기 시간도 짧은 편입니다.[2]

유럽의 경우 백내장 수술과 무릎관절 치환 수술의 대기 시간은 각각 50일, 114일입니다. 미국도 주요 수술 전문의를 만나기 위해서는 최소 1~3주가 걸리지요.

우리나라는 이틀이 채 걸리지 않습니다. 보건복지부가 실시한 '2017 의료 서비스 경험 조사'에서 우리 국민이 전문의

14-1. 2018년 기준 국민 1인당 외래 진료 횟수

나라	독일	프랑스	일본	한국	캐나다	멕시코	OECD 평균
진료 횟수	9.9	5.9	12.6	16.9	6.7	2.8	6.8

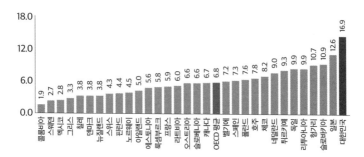

주: 칠레, 콜롬비아, 프랑스, 일본, 뉴질랜드, 스페인, 튀르키예는 2017년 수치
자료: 보건복지부, 〈OECD 보건통계 2020〉

를 만나기 위해 기다리는 시간은 불과 1.4일입니다. 엄청나게 높은 의료 접근성이라고 하겠습니다.

이 수치들은 우리나라 의사들의 노동 강도를 보여줍니다. 우리나라 의사의 노동시간은 이례적으로 길죠. 상급 종합병원은 물론이고, 1차 의료 기관도 저녁 늦게까지 진료를 보는 곳이 수두룩합니다. 반면 외래 진료 시간은 매우 짧습니다. '3분 진료'는 종합병원 진료의 대명사죠. 더 긴 시간을 투자해야 하는 초진 환자조차 평균 진료 시간이 6.2분에 불과합니다.

14-2. 일부 OECD 국가 도시 및 농촌의 의사 밀도

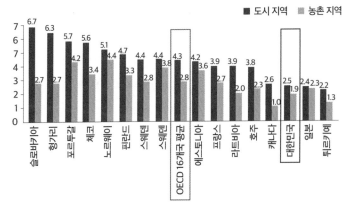

주: 명/인구 1,000명당
자료: OECD, Regional Statistics Database 2009

이렇게 의사들이 과로하고 있는 상황에서 미래의 의사 수
요는 더 늘어날 것입니다. 노인 인구의 증가는 외래 및 입원
횟수를 끌어올리죠. 양질의 의료 서비스에 대한 욕구도 경제
수준 상승에 따라 증가할 테고요. 즉, 국민이 충분한 외래 진
료 시간을 원하게 된다는 말입니다.

이 모두가 의사 수요를 증가시키는 요인이라 하겠습니다.
인공지능 같은 기술 발전도 아직은 의사 수요에 미치는 영향
이 크지 않을 것으로 보입니다. 정부의 의사 수가 부족하다는

판단은 설득력이 있습니다.

두 번째, 의사 수의 도·농 간 격차는 어떤 실정일까요? 사실 일정 수준 격차는 당연한 일입니다. 도시가 농촌에 비해 의료 수요가 더 많기 때문이죠. OECD 통계가 보여주듯 모든 나라에서 인구당 의사 수는 도시가 농촌보다 많습니다. 한국은 그 격차가 일본과 더불어 가장 작은 나라입니다(〈14-2〉 참조).

그럼에도 불구하고 도·농 간 의료 불균형 문제는 실제로 존재합니다. 지방 의료원에서는 응급 환자와 중환자를 돌보는 의사를 구하기 쉽지 않다는 걸 잘 알고 있죠. 그 결과, 치료할 수 있는데도 죽는 사람이 서울 강남 지역은 10만 명당 30명인데 반해 강원도 양구 같은 지역은 100명에 이릅니다. 가령 뇌졸중 혹은 응급 질환이 생겼을 때 사망에 이르는 정도도 3배가량 차이가 납니다.

의료 취약 지역의 문제가 다른 나라들에 비해 적긴 해도, 우리나라에 엄연히 존재하는 현실입니다. 개선이 필요한 부분이라 하겠습니다.

요약하면 우리나라는 적은 수의 의사가 장시간 노동과 짧고 효율적인 외래 진료를 통해 국민에게 충분한 의료 서비스를 제공하고 있습니다. 하지만 의사 수요가 늘어날 것으로 예상되는 상황에서 의대 정원 증원은 고려해볼 만한 일이라 하겠습니다. 충분한 의사의 공급은 노동 강도 개선, 외래 진료 시간 확대에 필요조건이기도 하고요.

사실 정부가 추진했던 의사 총수 4,000명 증원은 2030년의 의사 수 16만 명 대비 2.5% 정도에 불과한 수준입니다. 만일 증원한 의사 상당수가 정책 목표대로 의료 취약 지역에서 근무하고 기피 전공을 맡는다면 그 효과는 클 것입니다.

공공 의대가 성공하기 어려운 필연적 이유

하지만 저는 공공 의대 및 지역 의사 정책은 성공하기 어려울 것으로 봤습니다. 가장 큰 이유는 원치 않는 곳에서 억지로 일하는 의사가 그곳에 오래 남을 가능성은 거의 없기 때문입니다.

특별한 봉사 정신으로 무장했던 10대 고등학생도 의사로 활동할 30대가 되면 좋은 환경에서 살고 싶어 하는 가족을 둔 보통 생활인이 됩니다. 취약 지역에 오래 남을 가능성이 낮다는 얘깁니다. 열심히 일할 이유도 별로 없지요. 의무 복무 기간이 끝나면 곧바로 다른 도시에 자리 잡을 확률이 큽니다.

이러한 저의 예측은 군 복무를 대신해 (억지로) 지방에 배치된 공중보건의를 통해 확인해볼수 있습니다. 공중보건의는 대개 적당히 일하고, 복무를 마치면 대부분 원래 자리인 대도시로 돌아가지요. 물론 예외는 있습니다. 복무를 마치고 그 지역에서 개원하겠다고 마음먹은 소수가 그들입니다. 이분들에게는 복무 지역에서 만나는 환자가 미래 고객입니다. 이런 의사들은 남다른 성의를 가지고 일하곤 하죠.

의사의 전공 선택 문제도 강제할 수 없는 일입니다. 의사 수가 부족한 전공은 그 직에 대한 열망이 강한 사람이라도 버티기 힘든 분야입니다. 수련을 마쳐도 받아줄 병원이 없죠. 그래서 기피 전공은 강제한다고 해결되는 것이 아닙니다.

먼저 수련 환경을 개선하고 또 전문의가 된 이후에도 그러한 수련에 걸맞은 진료를 지속할 수 있는 의료 환경을 만들어주어야 합니다. 입학할 때부터 전공을 정하고 지방 복무 의무를 지우는 것은 인간의 본성을 충분히 고려하지 못한 정책이라고 할 수 있겠습니다.

의료 취약 지역에 자원할 수준의 바람직한 환경 제공해야

그럼 의료 취약 지역에서 일할 의사는 어떻게 찾아야 할까요? 오지에서 일하는 의료인 선발 방식과 관련해 중요한 시사점을 주는 연구가 있습니다.[3] 잠비아 정부는 국가 보건 요원을 선발할 때 24개 시군구에는 "지역사회를 섬기는 보건 요원에 지원하라"고 선전하고, 나머지 24개 시군구에는 "(의사가 될 수 있는 자리에 지원해) 커리어를 극대화하라"고 선전했죠(〈14-3〉 참조). 그 결과 실제로 전자에는 사회봉사 정신이 높은 사람들이, 후자에는 자기 인생의 성취를 중요시하는 사람들이 선발되었습니다.

이들이 지역사회에 실제 배치되고 나서 누가 더 일을 잘했을까요? 놀랍게도 후자였습니다. 방문 진료 횟수, 응급 진료 처리 속도, 영·유아 백신 접종률 등 모든 척도에서 자기 인생의 성취를 중시하는 사람들이 사회봉사 정신이 높은 사람들을 압도했죠.

이 연구는 아프리카에서 이뤄졌지만, 인간 본성에 대한 우리의 이해를 더해줍니다. 이는 20세기 공산주의 혁명의 실패

14-3. 잠비아의 의료인 선발 포스터

봉사정신을 강조한 포스터   인생의 성취를 강조한 포스터

자료: Ashraf et al.(2020)

를 통해서도 우리가 뼈아프게 배운 사실입니다. 봉사 정신이 높은 사람보다는 자신을 위해 일하는 사람이 (둘 다 갖췄다면 물론 제일 좋겠지만) 일의 성취도 측면에서 더 나은 겁니다.

즉, 의사들이 스스로 의료 취약 지역에 갈 수 있도록 다양한 인센티브를 도입하고 근무 환경을 개선해야 합니다. 금전적 인센티브는 기본입니다. 가령, 지방 의료 기관에 가산 수가를 주어 더 많이 보상하는 것이죠. 하지만 단순히 임금을 높이는 것만으로는 부족합니다.

이에 더해 이런 의사들이 보람을 찾고, 사회에서 존경받을 수 있도록 돕는 비금전적 인센티브도 적극 활용해야 합니다. 그래야만 비로소 의료 취약 지역에서 자기 인생의 성취를 이루고자 하는 의사들이 나타날 것입니다. 좋은 정책은 인간 본연의 욕망을 있는 그대로 이용하면서 공공선을 창출해낸다는 걸 명심해야 합니다.

2020년 의사들이 파업을 했던 것은 단순히 의사 정원 확대에 반대해서만이 아닙니다. 그 이면에는 장기간 개선되지 않은 의료계의 산적한 문제들이 있습니다. 한때 인기를 끌었던 드라마 〈슬기로운 의사 생활〉의 흉부외과 교수 김준완이 40세가 넘어서도 집에 잘 가지 못하는 것은 이미 오래된 현실입니다.

2023년, 평생을 병원에서 10분 떨어진 아파트에 거주하며 전날 새벽 3시까지 수술하고, 다음 날 아침 출근하다 트럭에 치어 돌아가신 고 주석중 교수님의 과로는 여전히 진행 중입니다. 의료 취약 지역도 하루이틀의 문제가 아니죠. 이런 상황에서 어설픈 정책을 들고나오니 의료계의 분노가 폭발한 것은 당연합니다.

지역 의사 선발이나 공공 의대 설립은 지금까지도 논의되고 있습니다. 그러나 이보다 더 필요한 것은 의료 취약 지역과 기피 전공에 대한 장기적 투자입니다.

의료 취약 지역은 이른바 규모의 경제가 이뤄지지 않는 곳이죠. 즉, 수지타산이 맞지 않아 민간이 들어가지 못한다는 의미입니다. 그렇기에 정부는 손해를 감수하고 직접 병원을 운영하거나, 민간 투자에 보조금을 지불하고 수가를 보전해야 합니다. 국민의 세금이 쓰이는 일입니다. 그렇기에 취약 지역 투자는 응급 질환 및 산과産科 질환 등에 선택과 집중을 해야 하겠습니다.

우리나라는 국토 면적이 작고 교통이 발달했기 때문에, 가까운 도시에서 치료할 수 있는 일반적 중증 질환에 대한 지나친 투자는 불필요합니다. 이렇듯 선택과 집중을 통해 국민의 이해와 동의를 구해야 합니다.

지난 2000년에도 의사들은 의약 분업에 반대하며 대규모 파업을 했습니다. '의약 분업 반대'라는 파업 구호에 일반 국민은 동의할 수 없었습니다. 사실 파업을 하던 의사들도 대부분 의약 분업 자체는 필요하다고 생각했습니다.

의사들이 파업한 진짜 이유는 '불만'과 '불안'이었습니다. 의료보험 수가 및 전달 체계의 불합리성 때문에 이상한 진료 행태를 강요당하고 있다는 불만이 컸습니다. 불확실한 의약 분업 이후의 상황에 대한 불안도 있었겠죠. 이것이 파업의 형태로 표출된 것입니다. 내막을 전부 이해하기 어려운 일반 국민은 밥그릇 싸움으로만 이해했습니다. 이 과정에서 의사들은 국민과 제대로 소통하지 못했습니다.

남은 과제들

2020년의 의사 파업 또한 국민의 지지를 받지 못했습니다. 특히 공공 의대 및 지역 의사 정책이 졸속으로 추진되었음에도 불구하고 말입니다.

왜 그랬을까요? "의사는 자기 이익에만 급급하다"는 인식 때문이죠. 이런 인식은 왜 생겼을까요? 의사가 국민을 위해 목소리 내는 걸 본 일이 없기 때문일 겁니다. 가령, 의료계는 단순히 원격 진료를 반대할 것이 아니라, 안전성과 유효성 문제를 정부와 함께 고민하고 국민의 편익을 위해 적극적으로 나서야 합니다.

의사협회가 직능 단체로서 의사의 이익을 대변하는 것은 어쩌면 당연합니다. 하지만 동시에 전문가 집단으로서 국민의 건강 지킴이 역할에 충실해야 합니다. 국민의 편에 서야 할 일은 너무나도 많습니다. 앞에서 이야기한 방만한 건강보험 제도, 무너진 의료 전달 체계, 부족한 공공 의료 등은 의료계와 정부가 적극적으로 대화하며 풀어가야 할 문제입니다.

2020년의 의사 파업 사태는 당시 정부 및 여당이 국회 177석의 힘을 과신한 데에서 비롯되었습니다. 대화와 설득 과정을 무시한 채 정책을 밀어붙였죠. 공공 의대와 관련해 주무 부처인 보건복지부는 공청회 한 번 개최한 적이 없었습니다.

의석 수 많은 것이 절대적 정의라고 착각한 다수의 횡포라 해도 과언이 아닐 정도였습니다. 물론 당시 의사협회도 민주적 절차를 무시하기는 마찬가지였습니다. 의협 회장은 구성원들의 의견 수렴도 없이 혼자서 정부·여당과 합의안에 도장을 찍었고, 이로 인해 전공의협의회 등의 큰 반발을 샀습니다. 그 결과 정부와 의사협회의 합의안이 하마터면 무산될 뻔했습니다.

위임받은 권한을 사려 깊게 쓰는 것은 아직 우리 사회가 이루지 못한 과제인 듯합니다. 의료 취약지 및 의사 정원 문제에서 (또 수많은 정책 입안 과정에서) 우리가 목도한 일련의 과정은 한국 사회가 정치적 민주주의는 이루었지만, 절차적 민주주의는 아직 이루지 못했음을 여실히 보여주었습니다.

일 잘하는 사람을 뽑으려면

: 인센티브 설계 방법

모든 고용주는 좋은 고용인을 뽑기 위해 고민합니다.
구직자가 조금이라도 나은 회사에 취직하고자 하는 것만큼이나
절박한 마음입니다.

고용주가 기업의 사장들뿐이라고 생각하면 오산입니다. 우리나
라 자영업자 555만 명 중 130만 명은 고용원을 두고 있습니다.
대기업 임원부터 동네 분식점 주인까지 모두 좋은 사람을 뽑기
위해 고심하죠.

선별 효과와 인센티브 효과

어떻게 해야 일 잘하는 사람(경제학 용어로 '생산성이 높은 사람')을 뽑을 수 있을까요? 자명한 방법은 보상을 높이는 겁니다. 보상에는 임금뿐 아니라 고용 안정성, 노동시간, 사회적 존경 등 다양한 측면이 포함됩니다. 경제학자들은 높은 보상이 어떻게 생산성을 올리는지 밝혀냈습니다. 2가지 이유가 있습니다.

첫 번째는 '선별 효과screening effect'입니다. 임금이 높은 자리에는 좋은 사람들이 몰리기 때문에 능력자를 채용할 가능성도 높습니다. 두 번째는 '인센티브 효과incentive effect'입니다. 높은 보상은 고용 이후에도 생산성을 지속적으로 높이는 유인을 제공합니다.

인센티브 효과는 크게 2가지 채널로 설명합니다. 우선, 만일 해고당해 실직하거나 다른 직장으로 부득이 옮기게 되면 손해가 큽니다. 또 높은 보상을 받은 기쁨 및 감사의 의미로 더 열심히 일하는 '선물 교환gift exchange'이 있습니다.

먼저 임금부터 살펴보죠. 높은 임금이 노동자의 생산성에 미치는 영향에 대해 최초로 연구한 사람은 인사경제학personnel economics의 아버지라 불리는 에드워드 러지어 Edward Lazear입니다. 그는 미국의 한 자동차 유리 생산업체가 1994~1995년 임금 지급 방식을 정액급제hourly wage에서 성과급제piece rate로 변경한 것에 주목했습니다.[1]

열심히 일한 만큼 더 벌 수 있게 된 것이죠. 그 결과 생산성이 무려 44%나 상승했습니다. 그는 이 중 절반 정도만이 기존 노동자가 추가적인 노력을 한 결과(인센티브 효과)이고, 나머지 절반은 생산성 높은 신규 노동자를 채용했기 때문이라는 것(선별 효과)을 밝혀냈습니다.

최적의 고용 방식을 찾기 위한 연구

임금만이 중요한 것은 아닙니다. 다른 직업적 특성도 고려해야 합니다. 특히 저는 정규직 가능성(직업 안정성)에 주목했습니다. 아시아와 아프리카 국가들의 인적 자본(건강·교육·노동)에 대해 연구하는 경제학자인 저는 설문 조사 요원을 비정규직으로 고용하곤 했습니다. 그런데 오랜 세월 저와 함께 현지에서 일하는 사람들 가운데 처음엔 설문 조사 요원으로 일하다가 뛰어난 성과를 보여 정규직인 조사 요원 관리직에 채용된 경우가 많습니다.

이와 비슷하게, 적은 보수를 받는 인턴으로 들어와서 높은 직책에 오른 사람도 있습니다. 인턴십의 가장 큰 매력은 그 과정을 잘 마치면 정규직으로 전환될 수 있다는 점입니다.

마침 아프리카 말라위에 있는 한 지역의 인구주택총조사를 위해 설문 조사 요원을 대규모로 고용해야 할 일이 생겼습니다. 설문 조사 요원의 생산성은 측정이 용이합니다. 하루에 몇 사람을 얼마나 정확하게 조사하는지가 핵심입니다.

저와 싱가포르경영대학교의 김성훈 교수는 좀 더 높은 임금(정액+성과급)을 주는 방식과 인턴십 방식을 비교해보기로 했습니다.[2] 지역 고등학교 졸업생 440명이 그 대상이었습니다. 우리는 무작위로 절반에게는 높은 임금을 주되 정규직 전

15-1. 말라위 업무 인센티브 연구 디자인

```
                    고등학교 졸업생
                       440명
                         │
                      [무작위]
          ┌──────────────┴──────────────┐
   저임금 인턴십                    고임금 비정규직
  (정규직 전환 가능)                (정규직 전환 불가)
  기회 제공 220명                   기회 제공 220명
        │                               │
   인턴십 그룹                       고임금 그룹
   취업 63명                        취업 74명
        │                               │
     [무작위]                        [무작위]
   ┌────┴────┐                    ┌────┴────┐
 A그룹      B그룹               C그룹       D그룹
(인턴십)  (인턴십+고임금)      (고임금+인턴십)  (고임금)
 33명       30명                 35명        39명
   │          │                   │           │
'고임금'의              선별 효과          '정규직 전환
 인센티브 효과          (B vs. C)         가능성'의
 (A vs. B)                              인센티브 효과
                                        (C vs. D)
```

자료: Kim, Kim and Kim(2020)

환 가능성이 없는 설문 조사 요원(고임금 그룹), 나머지 절반에
게는 일당은 교통비 수준이지만 성과가 좋으면 정규직 채용
이 가능한 인턴 자리(인턴십 그룹)를 제시했습니다(〈15-1〉 참조).
'고임금 그룹'에 74명, '인턴십 그룹'에 63명이 지원했습니다.

  그런데 문제가 있었습니다. 이 두 집단의 성과를 단순 비
교하면 생산성의 차이가 사람을 잘 뽑아서인지(선별 효과), 해

당 방식이 고용된 사람을 더 열심히 일하게 만드는 것(인센티브 효과) 때문인지 구분할 수 없습니다.

그래서 이들을 설문 조사 요원으로 고용한 직후, '인턴십 그룹' 중 30명 절반의 보수를 '고임금 그룹'과 동일하게 올려 주었습니다. 그리고 '고임금 그룹' 중 35명에게 '인턴십 그룹'의 혜택인 정규직 가능성을 열어주었습니다.

그렇게 해서 총 4개의 그룹이 만들어졌습니다. A그룹: 인턴십(정규직 전환 가능), B그룹: 인턴십+고임금(정규직 전환 가능 인턴으로 뽑혔으나 차후 임금도 높아진 사람), C그룹: 고임금+인턴십(높은 임금의 비정규직으로 뽑혔으나 차후 정규직 가능성이 생긴 사람), D그룹: 고임금(비정규직).

우선 B와 C를 비교하면 선별 효과를 측정할 수 있습니다. 이들은 실제 일할 때는 완전히 똑같은 인센티브(높은 임금과 정규직 가능성)를 가지고 있습니다. 즉, 인센티브 효과는 B와 C가 동일합니다. 하지만 이들이 선발된 방식은 서로 다르지요. 연구 결과 B가 C보다 높은 생산성을 보였습니다. 정규직 전환 가능성을 강조한 인턴으로 뽑는 것이 높은 임금을 강조해 뽑는 것보다 더 나은 방법이었습니다.

다음으로 A와 B를 비교하면 높은 임금의 인센티브 효과를, C와 D를 비교하면 정규직 전환 가능성의 인센티브 효과를 측정할 수 있습니다. 둘 다 생산성에 긍정적 효과를 거뒀습니다.

결론적으로, 인턴으로 뽑은 뒤 추후 충분한 임금을 주는 방식(B그룹)이 생산성을 높이는 가장 좋은 방법이었습니다.

이 방식은 사실 미국과 홍콩의 금융가에서 신입 직원을 뽑는 방식과 유사합니다. 대학생들에게 3~4학년 시절 어디서 인턴으로 일했는지는 취업에 중요합니다. 인턴십이 성공적이면 졸업하기도 전에 인턴으로 일했던 회사에서 취업 제의를 받습니다.

한편, 저는 돈을 더 많이 벌기보다 연구 경험을 쌓고 싶어 하는 학생들을 선발해, 이 중 잘하는 친구들에게 충분한 보상을 하는 방식으로 연구 조교를 뽑습니다. 위의 연구 결과는 저의 조교 선발 방식과도 일맥상통합니다.

우리나라 주요 기업의 인사관리 담당자들도 실제로 인턴십을 통해 입사한 직원이 회사에 잘 적응하고 생산성도 높다며 우리의 연구 결과에 동감을 표했습니다. 다만, 많은 직원을 뽑아야 하는 대기업 입장에서는 인턴의 수가 한정적이라 그에 따른 어려움이 있다고 합니다.

저는 또 다른 연구를 통해 근무시간의 선별 효과를 측정했습니다. 하루 8시간 일하는 직장과 4시간 일하는 파트타임 직장을 무작위로 제시한 결과, 장시간 일할 의사가 있는 사람들이 파트타임 지원자보다 현격하게 생산성이 높았습니다.[3]

이러한 연구 결과들을 종합하면 직업의 다양한 요소가 선별 효과와 인센티브 효과를 통해 노동 생산성에 영향을 준다는 걸 알 수 있습니다. 기업이 이를 적절히 활용한다면 생산성을 더 높일 수 있을 것입니다.

공무원과 교수 임금 문제

그렇다면 공무원 연봉은 어떻게 정해야 할까요? 공무원의 임금 수준은 논쟁거리입니다. 임금을 높여 실력 있는 사람을 뽑아야 할까요? 혹자는 임금이 높으면 사명감 있는 사람이 지원하지 않을 것이라고 걱정하기도 합니다. 공무원의 자질은 국민의 삶에 큰 영향을 줍니다. 유능한 공무원은 나라의 발전에 많은 기여를 하죠.

미국은 정부보다 시장의 역할을 중시합니다. 공무원 임금이 민간에 비해 낮습니다. 능력이 뛰어난 사람은 민간 기업에서 일하라는 '신호'의 의미도 있습니다.

세수가 부족한 저개발 국가는 공무원 임금이 매우 낮습니다. 월급으로는 생활수준을 유지할 수 없죠. 그런데 다양한 인허가 관련 권력을 갖고 있으니 부패가 만연합니다.

싱가포르는 완전히 다른 접근법을 취합니다. 공무원에게 고임금을 주어 가장 능력 있는 사람들을 뽑음으로써 부패의 씨앗을 철저히 차단합니다.

멕시코 정부가 공무원 채용 방식을 검증해보았습니다.[4] 지역 균형 발전의 일환으로 지방직 공무원을 106개 시군구에서 350명 정도 추가 선발할 때, 무작위로 일부 시군구에는 월급을 5,000페소(약 31만 원), 나머지 시군구에는 3,750페소(약 23만 원)로 책정한 것입니다. 그리고 두 지역의 지원자를 비교해보았습니다.

그 결과 높은 임금을 주는 지역에 능력이 뛰어나고 사회성도 더 좋은 사람들이 지원했습니다. 사명감은 두 집단에 별 차이가 없었습니다. 무엇보다 높은 임금은 사람들이 꺼려 하는 오지 및 마약 갱들이 창궐하는 지역에 대한 지원율도 높았습니다. 공무원 또한 능력 있는 사람을 고용하려면 충분히 보상해야 한다는 걸 증명한 것입니다. 사명감과는 상관없이 말입니다.

그렇다고 우리나라 공무원의 임금 수준을 더 올릴 필요가 있어 보이진 않습니다. 여전히 직업 안정성과 넉넉한 연금 혜택으로 어느 정도 능력 있는 인재들이 지원하고 있기 때문입니다. 무엇보다 우리나라는 이제 관 주도의 경제발전 단계를 지나 민간 부문의 혁신을 통한 경제발전이 필요한 단계죠. 그러므로 공무원보다는 민간 영역의 상대적 보상 규모를 점차 늘려서, 훌륭한 인재가 민간으로 흘러갈 수 있게끔 하는 게 더 좋을 것 같습니다.

의과대학에 다니던 저는 가난한 사람들이 더 많이 아픈 것은 단순히 의료 문제가 아닌 사회·경제학적 문제라는 사실을 깨닫고, 전문의 과정 대신 경제학 공부를 시작했습니다. 20대 중반에도 공공선에 대한 갈망이 높은 편이었던 것 같습니다.

박사학위를 받고 운 좋게 높은 연봉을 주는 미국과 홍콩에서 대학교수가 되었습니다. 처음엔 공부를 마치면 당연히 한국으로 돌아와 나라를 위해 일해야지 생각했습니다. 그런데 두 아이를 둔 40대 가장이 되니 귀국해서 연봉이 절반 이하로 줄어드는 걸 받아들이는 게 더 이상 쉬운 결정은 아니었습니다.

사실 이런 점이 우리나라 대학 경쟁력이 미국은 물론 홍콩 및 싱가포르보다 떨어지는 중요한 이유 중 하나입니다. 대학교수도 생활인이고, 대학교수 채용에도 시장 원리가 작동합니다. 연봉과 연구비를 많이 주는 곳으로 고성과자가 이동합니다. 능력이 뛰어난 세계적 학자들이 한국 대학에 오는 걸 꺼릴 수밖에 없습니다.

대학이 세계적 수준의 교수에게는 그에 걸맞은 대우를 하고, 연구를 게을리 하는 학자에게는 연봉을 삭감할 수 있어야 합니다. 가만히 있어도 연봉이 저절로 올라가는 연공제를 버려야 합니다.

좋은 인재를 뽑기 위해 적절한 보상을 하는 것은 기업, 정부, 심지어 사명감을 필요로 하는 직업에도 적용되는 보편 원칙입니다. 기업은 생존이 걸린 문제이므로 고용 방식을 최적화해왔으나, 최대 고용주인 국가는 정작 큰 변화가 없습니다. 시장 원리와 인간에 대한 깊은 이해를 토대로 능력 있는 사람을 선발하고 공공선을 달성할 수 있는 선발 방식을 선택하는 것은 국가라는 고용주의 중요한 책임입니다.

경제학이
필요한
순간°

주 4일제가 가능하려면

: 노동 생산성의 문제

주 5일 근무제가 우리나라에 도입된 2004년, 저는 어느 정부 기관에서 일하던 사회 초년생이었습니다. 그해 여름, 더는 토요일에 출근하지 않아도 된다는 생각에 들떠 있던 기억이 생생합니다.

그로부터 약 20년이 흐른 지금 우리 사회는 주 4일 근무제를 논의하기에 이르렀습니다.

극한 직업의 노동시간

만일 노동시간이 줄어도 노동 생산성이 늘고, 월급과 고용 안정성이 유지되며, 회사도 매출과 수익이 줄지 않고, 그 혜택이 중소기업과 대기업 모두에 골고루 돌아갈 수 있다면 아무도 노동시간 감축을 반대하지 않겠지요. 하지만 모든 정책이 그러하듯, 줄어드는 노동시간에 대해 다양한 우려의 목소리가 있습니다. 주 4일 근무제는 해볼 만한 일일까요? 지난 수십 년간 노동시간이 지속적으로 줄었기에 그에 대한 연구는 제법 축적됐습니다.

먼저 극한 직업부터 살펴보겠습니다. 대형 종합병원에 입원하면 거의 잠을 자지 못해 힘겨워하는 전공의들을 쉽게 볼 수 있습니다. 〈슬기로운 의사생활〉이라는 의학 드라마에서도 의사가 집에 가지 못한 채 환자 곁을 지키곤 했습니다. 이는 현실에서도 마찬가지입니다. 측은하기도 하고, 고맙고 감동적입니다. 그런데 병원을 이렇게 운영하는 것이 과연 환자들에게 좋은 것일까요?

1984년 3월 4일, 리비 지온이라는 대학생(18세)이 독감으로 추정되는 증상 때문에 뉴욕의 한 병원 응급실에 왔습니다. 주당 100시간에 이르는 격무에 시달리던 의사들이 그녀를 배정받았습니다.

36시간 연속 근무로 피곤에 찌든 의사들은 리비의 상태를 면밀히 조사하지 않은 채 진통제인 데메롤Demerol을 처방했습니다. 불운하게도 리비는 나르딜Nardil이라는 항우울제를 복용 중이었습니다. 데메롤과 나르딜은 교차반응이 생겨 심각한 부작용을 초래할 수 있습니다.

그날 밤 의료진은 많은 환자를 돌보느라 너무 피곤했습니다. 교차반응으로 인한 리비의 발작을 별것 아닌 과민 반응이라고 추정했죠. 그래서 전화로 리비를 침대에 묶으라고 지시했습니다. 다음 날 새벽 그녀는 침대에 묶인 채로 죽고 말았습니다.

의료진의 격무로 딸이 죽음에 이르렀다고 확신한 아버지 시드니 지온은 그날로 투사가 되었습니다. 뉴욕의 꽤 유명한 변호사였던 그는 뉴욕주에서 의료진의 근무시간을 주당 80시간으로 제한하는 이른바 '리비지온법'을 통과시키는 데 앞장섰습니다. 그 사건이 벌어지고 5년이 지난 1989년의 일입니다. 주당 80시간 근무 법칙은 2003년까지 미국의 모든 주에 적용되었습니다.

우리나라는 이보다 많이 늦은 2016년 '전공의법'을 제정했습니다. 이 법은 과에 따라 주당 130시간도 일하던 전공의 근무시간을 주당 80시간 이하로 제한했습니다. 주당 130시간 근무가 상상이 되시나요?

이는 쉬는 날 없이 일주일 내내 하루 평균 18시간을 근무하는, 노동이 아닌 사실상 고문입니다. 사실 주당 80시간도 일주일에 하루 쉬고 남은 6일을 하루 평균 13시간 이상 일하는 강도 높은 근무지요.

2002년 여름, 전공의를 중간에 그만둔 한 친구가, 의대를 졸업하고 경제학 공부를 시작한 저를 찾아왔습니다. 그는 그만두기 전 3일 동안 8시간도 채 자지 못했다고 했습니다. 불을 끄고 잠들면 일어나지 못할까 봐 6개월 동안 불을 켠 채 당직실에서 새우잠을 잤다는 이야기를 듣고 저는 경악했습니다.

이런 어처구니없는 근무 환경을 그나마 개선한 게 미국도 20년 남짓, 우리나라는 10년이 채 되지 않습니다. 이 같은 살인적인 근무는 사실 인권의 문제이지 단순히 노동 생산성의 문제는 아닐 것입니다.

종합병원 의사들의 격무가 환자 치료 성과에 악영향을 주리라는 건 어쩌면 자연스러운 추론일 것입니다. 하지만 실제로 종합병원에서 젊은 의사들의 근무시간과 환자 치료 성과를 연구한 31건의 논문을 종합해본 결과는 좀 의외입니다.[1]

일하는 시간이 줄었을 때, 실제로 의사들의 실수가 다소 감소합니다. 그러나 이것이 환자의 주요 경과, 즉 사망이나 주요 부작용과 관련해 눈에 띌 만한 변화로 이어지지는 않았습니다. 왜 그럴까요?

리비 지온 사건 같은 경우는 상당히 드문 극단적인 일입니다. 또 격무에 시달리는 의사가 환자의 생명과 직결되는 중요한 부분은 어떻게든 잘 완수해내기 때문일 것입니다. 아울러 노동시간이 늘어나면 의사의 숙련도가 빨리 올라갈 수도 있겠지요.

자명할 것 같은 의료진 노동시간 감소의 효과도 정밀하게 조사해보면 예상과 다를 수 있습니다. 그러므로 우리나라 노동시간 제도 변경의 효과에 대해 철저히 검증해볼 필요가 있습니다.

16-1. 규모에 따른 주5일제 도입 시기

시행 대상 산업 및 사업체 규모	시행 시점
금융보험업, 공공 부문, 1,000인 이상 사업체	2004년 7월 1일
국가 및 지방자치단체 기관, 300인 이상 사업체	2005년 7월 1일
100인 이상 사업체	2006년 7월 1일
50인 이상 사업체	2007년 7월 1일
20인 이상 사업체	2008년 7월 1일

주 5일제 도입 당시 노동시간 줄었지만 생산성은 증가해

2004년 우리나라는 근로기준법을 개정해 법정 노동시간을 주 당 44시간에서 40시간으로 단축했습니다. 40시간 이후 시간 당 임금을 가산(통상임금의 50% 이상)해 사용자의 노동 수요를 줄이고, 노동시간이 자연스럽게 줄어들도록 유도했습니다.

법 적용은 회사의 종류와 규모에 따라 순차적으로 이뤄졌습니다. 공공 기관과 큰 사업체(직원 1,000명 이상)에서 먼저 시작하고 점차 규모가 작은 사업체까지 적용했지요(〈16-1〉 참조).

정책의 순차적 적용은 그 효과를 과학적으로 측정하는 데 도움을 줍니다. 이중차분법을 사용할 수 있기 때문입니다. 이중차분법은 앞에서도 살펴봤듯 정책이 실현된 곳과 실현되지 않은 곳의 효과 차이를 측정하는 기법입니다.

주 5일제 효과의 경우 2006년 초를 기준으로 보면 300명 이상 사업체는 법정 노동시간이 40시간인 데 비해, 그 이하 규모의 사업체는 아직 44시간이므로 이들을 비교하는 것입니다.

2019년 숙명여자대학교 박우람·박윤수 교수는 이런 방법으로 주 5일제 도입이 노동 생산성에 미치는 영향을 분석했습니다.[2] 〈16-2〉는 주 5일제 도입 이후 월평균 노동시간의 변화를 보여줍니다. 노동시간은 정책 도입 이후 월평균 약 6시간(주당 약 1.5시간, 전체의 3%) 줄어들었습니다.

중요한 쟁점은 노동시간 감소가 노동 생산성에 미치는 영향입니다. 노동 생산성은 ①얼마나 열심히 일했는가(시간당 생산성) ②몇 시간 일하는가(노동시간)로 결정됩니다. 노동자의 시간당 생산성이 5만 원인데 200시간을 일한다면, 노동 생산성은 1,000만 원(5만 원×200시간)입니다.

연구 결과는 놀라웠습니다. 〈16-3〉에서 보듯, 노동시간이 줄었는데도 전체 노동 생산성은 증가했습니다. 즉, 노동시간이 3% 줄었는데 시간당 노동 생산성은 5% 정도 상승해 전체 생산량이 오히려 늘어난 것입니다. 일하는 시간에 집중도가 올라간 결과입니다.

비슷한 방식으로 서울대학교 이정민 교수의 연구는 주 5일제 도입이 시간당 임금을 6.6% 증가시켰다는 걸 밝혀냈습니다.[3] 임금은 일반적으로 노동 생산성에 비례해 결정되므로, 이전 논문에서 보여준 시간당 노동 생산성 증가 5%와 거의 비슷한 추정치입니다.

독일의 경험도 비슷합니다. 독일은 법정 노동시간을 1984

16-2. 주 5일제 도입 이후 월평균 노동시간 감소분

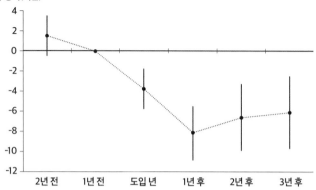

추정치(시간)

2년 전 · 1년 전 · 도입 년 · 1년 후 · 2년 후 · 3년 후

―●― 95% 신뢰 구간
자료: Park and Park(2019)

16-3. 주 5일제 도입 이후 노동 생산성 변화

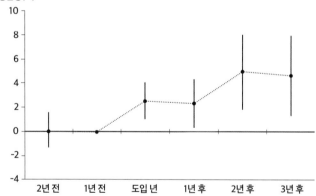

생산성(%)

2년 전 · 1년 전 · 도입 년 · 1년 후 · 2년 후 · 3년 후

―●― 95% 신뢰 구간
자료: Park and Park(2019)

년 40시간에서 1994년 36시간으로까지 점차 줄였습니다. 미국 노동부의 수석 이코노미스트로 활동한 제니퍼 헌트Jennifer Hunt 교수는 시간당 노동 생산성이 증가해 노동시간이 줄었음에도 전체 생산성은 줄어들지 않았다고 말합니다.[4]

노동시간 감소의 유익은 여기서 그치지 않습니다. 서강대학교 안태현 교수는 노동시간이 감소하자 운동시간이 늘고 흡연이 줄었다는 걸 보여주었습니다.[5] 서울대학교 이정민 교수와 이용관 박사는 노동시간 단축으로 산업재해가 감소했다고 밝혔습니다.[6] 주당 노동시간 1시간 감소로 산업재해가 8% 정도 줄어든 겁니다.

하지만 기대했던 일자리 추가 창출은 이뤄지지 않았습니다. 오히려 신규 고용이 2.3% 정도 줄었습니다.[3] 국외 사례도 비슷합니다.

프랑스는 고용 창출을 기대하며 1982년 노동시간을 40시간에서 39시간으로 줄였으나 고용은 오히려 감소했습니다.[7] 일본도 1987년부터 10년에 걸쳐 법정 노동시간을 주당 48시간에서 40시간으로 단축했지만 신규 고용 비율이 줄었습니다.[8] 이는 노동 생산성 증가로 임금이 늘어나고 추가 고용에 대한 필요는 줄었기 때문일 것입니다.

2018년 주 52시간제, 2023년 주 69시간제가 답이었을까

주 5일제 도입으로 법정 노동시간은 40시간으로 정했지만, 연장 근로와 휴일 근로로 최대 주당 68시간까지 일할 수 있었습

니다. 그리고 2018년 7월 주 52시간 근무제를 도입해 최대 노동시간을 주당 52시간으로 제한했습니다. 노동자가 자발적으로 52시간 이상 일하더라도 해당 사업체가 처벌 대상이 될 만큼 강력한 법입니다.

이 법도 300명 이상 기업과 공공 기관이 먼저 시행했습니다. 2021년 1월부터는 50명 이상 300명 미만 사업장, 2021년 7월부터는 50명 미만 사업장도 주 52시간제를 도입했습니다.

최근 연구에 따르면 주 52시간제는 주당 노동시간을 평균 1시간 정도 줄이는 효과가 있었다고 합니다.[9] 평균 노동시간이 1시간 줄었을 뿐 아니라 여기에 잡히지 않는, 퇴근 후 이어지는 회식과 술자리가 크게 줄었다는 보고도 있습니다. 하지만 아직 이 제도가 노동 생산성에 미치는 영향에 대해서는 믿을 만한 실증 연구가 보고되지 않았습니다.

주 5일제는 연장 근로 비용을 상승시켜 회사가 노동자에게 초과근무 요구를 어렵게 하는 조처이고, 주 52시간제는 노동시간 총량을 원천적으로 틀어막는 제도입니다. 사실 이렇게 노동시간을 일률적으로 규제하고 처벌하는 것은 바람직한 방향이 아닙니다.

지식 기반 경제 구조에서 고용 형태는 복잡하고 다양해지고 있습니다. 민주주의 사회에서 주 52시간보다 더 일하고 싶은 노동자에게 일하지 말라고 국가가 강요하는 게 과연 정당한지에 대한 의문이 있습니다.

정책은 나아갈 방향을 제시해야지 회사와 국민의 일상을 지나치게 규제하고 조정하는 구실을 해서는 안 됩니다. 그러

16-4. OECD 국가의 연간 평균 근무 시간

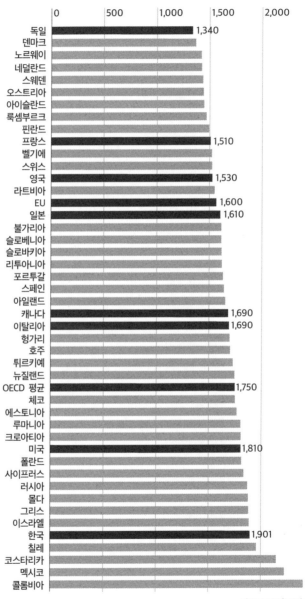

국가	시간
독일	1,340
덴마크	
노르웨이	
네덜란드	
스웨덴	
오스트리아	
아이슬란드	
룩셈부르크	
핀란드	
프랑스	1,510
벨기에	
스위스	
영국	1,530
라트비아	
EU	1,600
일본	1,610
불가리아	
슬로베니아	
슬로바키아	
리투아니아	
포르투갈	
스페인	
아일랜드	
캐나다	1,690
이탈리아	1,690
헝가리	
호주	
튀르키예	
뉴질랜드	
OECD 평균	1,750
체코	
에스토니아	
루마니아	
크로아티아	
미국	1,810
폴란드	
사이프러스	
러시아	
몰타	
그리스	
이스라엘	
한국	1,901
칠레	
코스타리카	
멕시코	
콜롬비아	

자료: OECD(2022)

16-5. 1999~2014년 OECD 국가의 출퇴근 소요 시간

자료: OECD(2016)

므로 이 제도는 탄력적으로 운용할 필요가 있습니다.

그런 의미에서 저는 2023년 주 69시간제 논의의 방향성이 옳다고 생각합니다. 이 제도의 요점은 주 69시간을 근무하라는 의미가 아니라, 근로자의 근무시간에 유연성을 더하는 것이기 때문입니다.

그런데도 주 69시간제가 반대에 부딪힌 것은, 우리 사회의 지나친 과로를 개선하고자 하는 노력이 보이지 않기 때문입니다. 우리나라 근로자의 연평균 실제 근로시간은 2022년 기준 1,901시간으로 OECD 36개국 중 5위입니다(〈16-4〉).[10]

우리와 비슷한 경제 수준의 유럽 국가들은 1,300~1,600시간에 불과합니다. 여기에 더해 평균 출퇴근 시간이 58분으로, OECD 국가 중 압도적 1위입니다(〈16-5〉).[11] 결국 가정에서 보낼 수 있는 시간이 매우 부족하고, 이것이 여성의 경력 단절과 저출산으로 이어지는 것은 자명합니다.

주 4일제가 가능하려면

지난 2022년 서울시장 선거에서 시대전환 조정훈 후보는 주 4.5일제 혹은 주 4일제를 공약으로 내세우며 이를 도입하는 기업에 다양한 지원을 약속했습니다. 주 5일제처럼 주 4일제도 성공할 수 있을까요?

먼저, 주 4일제를 도입한 뒤에도 노동 생산성을 유지해야 합니다. 만일 시간당 노동 생산성이 충분히 올라간다면 노동 시간이 줄어드는 걸 상쇄할 것입니다. 그러면 주 4일제는 우리 사회에 곧 안착할 수 있을 것입니다.

노동시간이 20% 줄어드는데도 노동 생산성을 그대로 유지하려면 시간당 노동 생산성이 20% 넘게 증가해야 합니다. 사무직의 경우, 노동시간에 더욱 집중하고 불필요하게 허비하는 시간을 줄이면 가능할 수 있습니다. 그런데 제조업이나 건설업 같은 노동 집약적 산업에선 노동 일수 감소가 생산성 하락으로 이어질 가능성이 큽니다. 이 직종에선 시간당 노동 생산성을 20% 이상 늘리는 게 쉽지 않아 보입니다. 줄어든 노동시간을 상쇄할 만큼 시간당 노동 생산성이 늘지 않는다면 생산성과 임금은 감소할 수밖에 없습니다.

현재 논의되는 주 4일제는, 원하는 회사가 자발적으로 도입하도록 정부가 적극 지원하는 방식입니다. 그러나 만일 생산성이 줄어든다면 기업은 주 4일제 도입을 망설일 수밖에 없고, 주 5일제 같은 수준의 급여를 담보하기도 어렵습니다. 주 5일 일하고 월급이 더 높은 직장과 주 4일 일하고 월급이 낮은 직장이 동시에 존재하겠지요.

생산성 높은 노동자를 뽑아야 하는 기업 처지에선 노동자들이 '고임금, 주 40시간'과 '저임금, 주 32시간' 가운데 무엇을 선호할지가 중요합니다. 만일 좋은 노동자가 후자보다 전자를 선호한다면 기업은 주 4일제를 포기할 것입니다.

저와 미국 시카고연방은행의 김현섭 박사는 노동자가 노동시간 선호와 생산성에 미치는 영향을 사회 실험을 통해 연구했습니다.[12] 비정부기구와 협력해 에티오피아에 각종 데이터를 입력하는 회사를 세우고, 고졸 이상 여성을 자료 입력 요원으로 고용했습니다. 개발도상국의 콜센터와 데이터 입력 회사는 값싼 노동력을 이용해 선진국의 수요를 충족해줍니다. 인기 있는 직장 가운데 하나죠.

우리 연구팀은 한 도시의 2만여 가구를 방문했습니다. 71개 마을 주민에게 주 40시간 직장과 주 20시간 직장에 근무할 기회를 줬습니다. 시간당 임금은 동일하게 설정했습니다. 이렇게 선발한 근로자의 노동 생산성을 매일 측정했습니다. 이 회사의 생산성은 '노동시간당 입력한 데이터의 양'으로 비교적 쉽게 측정할 수 있습니다.

주 40시간과 주 20시간 직장에 지원한 사람의 수는 비슷했지만, 능력은 주 40시간 직장 지원자들이 월등히 뛰어났습니다. 일을 시작한 뒤에도 시간당 생산성의 차이가 상당했습니다. 〈16-6〉는 직장 노동자의 시간당 노동 생산성 추이를 보여줍니다. 주 40시간과 주 20시간의 노동 생산성 차이가 0.45표준편차로 추정되는데, 이는 시간당 생산성 50% 이상의 큰 차이였습니다. 또 근무 첫날부터 나타난 시간당 생산성의 차이는 거의 한 달이 지나도 사라지지 않았습니다.

이 연구는 생산성 높은 사람들이 '고임금, 주 5일' 직장으로 몰리고, 생산성 낮은 사람들이 '저임금, 주 4일' 직장으로 분포되는 현상을 예측하게 합니다. 생산성 낮은 사람들이 몰리는 '저임금, 주 4일' 회사는 장기적으로 생산성이 더 낮아져 생존하기 어려울 것입니다.

실제 출중한 능력을 가진 사람이 많이 종사하는 직종인 의사, 변호사, 금융업(펀드 매니저) 등은 대개 고임금이고 업무 강

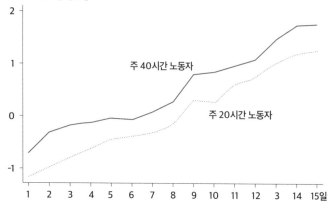

시간당 표준화 노동 생산성

자료: Kim, Kim and Zhu(2022)

도가 매우 높습니다. 업무에 필요한 기술을 장기간 연마해야 한다는 특징도 있지요.

장시간 높은 노동 강도는 성취욕을 키우고 능력 있는 사람이 지원하게끔 하는 일종의 선별 효과가 있습니다. 그렇기에 높은 임금을 줍니다. 이런 회사가 자발적으로 주 4일제를 도입할 가능성은 낮습니다. 결론적으로 주 4일제가 성공하려면, 주 4일제 전환 이후 노동 생산성이 유지되는 업종과 회사 규모를 적절하게 선택해야 합니다.

시범 사업 통해 국가 전체에 유리한 장기 계획을 세워보자

노동시간 감소는 거스르기 어려운 대세가 될 것입니다. 그러나 주 4일제 혹은 주 4.5일제를 어디서부터 시작해야 할지 정하는 건 정밀한 연구가 필요합니다. 직관만으로 무엇이 최선의 정책인지 정확히 아는 것은 불가능합니다.

그러므로 노동시간 감축을 위해서는 다양한 재정 지원 시범 사업이 필요합니다. 가령 회사를 무작위로 선발해 절반은 주 4일제, 또 다른 절반은 주 4.5일제 도입을 위한 재정 지원을 해보는 겁니다. 강제할 필요는 없습니다. 이들 회사를 주 5일제 회사와 비교해 여러 제도의 성과를 살펴봅니다. 노동 생산성, 삶의 질, 산업재해율 변화를 정밀하게 측정하는 거지요.

몇 년이 걸리더라도 과학적 증거를 쌓는다면 더 많은 사람에게 공감을 얻고 이해 당사자가 수긍하는 제도를 설계할 수 있습니다. 불필요한 사회적 갈등과 논란도 해소할 수 있겠지요. 무엇보다 우리 경제에 유리한 장기 계획을 세우는 데 공헌할 것입니다.

우아한 정책이
양성평등을 앞당긴다

: 가정 친화적인 넛지

2020년 한 해에만 전 세계적으로 여아 수백만 명이
실종되었습니다.

모두 살해당했을 것으로 추정됩니다. 충격적인 것은 가해자가 부
모라는 점입니다. 아이들 2~3명만 실종되어도 언론에서 대서특
필할 터인데, 놀랍게도 세상은 조용하기만 합니다. 아마 믿어지지
않을 겁니다.

매년 수백만 명의 여아가 사라진다

노벨 경제학상 수상자 아마티아 센Amartya Sen이 1990년 그의 책 《1억 명도 넘는 여성이 실종되었다More Than 100 Million Women Are Missing》에서 처음 언급한 '실종 여성missing women'은 실존했어야 할 여아의 예측치와 실제 여아 수의 차이를 말합니다.[1] 〈17-1〉은 지난 수십 년간 실종된 여성의 수인데, 이런 끔찍한 일은 대부분 남아 선호가 뚜렷한 중국과 인도 그리고 우리나라에서 일어났습니다.[2]

여아가 사라지는 방법은 2가지입니다. 초음파로 태아의 성별을 감별한 후 낙태를 선택하거나(성별 선택 낙태), 태어난 여아를 죽이는 것(산후 성별 선택)입니다. 여기서는 후자를 (미필적 고의에 의한) '영·유아 살해'라고 부르겠습니다. 둘 다 죽음의 현장을 쉽게 포착할 수 없으니 그 수는 추정에 의존할 수밖에 없습니다.

성별 선택 낙태 건수는 태어난 아이의 남녀 성비가 자연 수치인 1.05~1.07:1와 얼마나 차이가 나는지를 바탕으로 측정합니다. 자연 상태에서 남아가 왜 더 많이 태어나는지는 아직 정확히 알지 못합니다. 남자의 사망률이 일반적으로 높아서 일어난 진화의 산물이라는 설명과, 딸은 임신 초기에 유산할 위험이 더 크다는 설명 등이 있습니다.

한편, 영·유아 살해 건수는 통계 기법을 활용해 5세까지 살아 있어야 하는 여아의 수와 실제 살아남은 아이 수의 차이를 바탕으로 계산합니다. 2020년에 영·유아 살해로 사라진 아이는 171만 명, 성별 선택 낙태로 사라진 아이는 150만 명으로

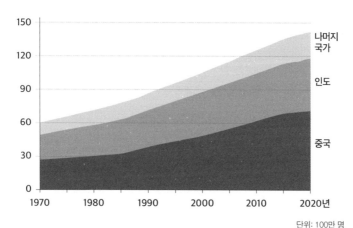

단위: 100만 명
자료: UN Population Fund(2020), State of World Population

추산됩니다.

영·유아 살해의 역사는 오래됐습니다. 그 방법이 은밀하고 잔인합니다. 여아에게 음식을 제대로 주지 않고, 아파도 제대로 치료하지 않습니다. 남아 선호 사상에 찌든 부모는 차별적 행동을 인지하지 못한 채 아이들을 방치해 죽게 합니다.

성별 선택 낙태는 산전 초음파가 본격적으로 보급된 1980년대에 시작됐습니다. 이때부터는 아이를 태어난 다음에 죽일 필요가 없었습니다. 미리 성별을 알아내 배 속에서 죽이면 훨씬 쉬우니까요.

임신 중단을 여성의 권리로 인정할 것인가에 대한 논쟁이 있습니다. 그러나 성별 선택 낙태만큼은 그 어떤 경우에도 옹호받을 수 없습니다. 성별 선택 낙태와 영·유아 살해 모두 잔인한 범죄입니다.

자연스러운 성비를 초과하는 국가는 지구상에 많지 않습니다. 아시아에서는 중국·인도·베트남 정도입니다. 이들 국가에서는 초음파 검사가 비교적 많이 보급되어 성별 선택 낙태가 흔한 일입니다.

특히 중국은 거의 모든 산모가 산전 초음파 검사를 받기 때문에 남아를 고집하는 부모는 영아 살해보다는 성별 선택 낙태를 선택합니다. 반면 인도의 경우는 산전 초음파 보급률이 아직 충분히 높지 않아 성별 선택 낙태와 영아 살해가 혼재하고 있습니다.

우리나라에서 남아 선호는 사라졌는가?

우리나라의 남아 선호는 1980~1990년대에 무척 심각했습니다. 〈17-2〉는 연도별로 태어난 여아 100명당 남아의 수입니다. 초음파가 본격적으로 도입된 1980년을 기점으로 성비 불균형이 무섭게 치솟았고, 2010년 들어서야 원상복귀됐습니다.

첫째 아이의 성비는 늘 자연 성비에 가까웠습니다. 그러나 둘째부터는 본격적으로 성별 선택 낙태가 벌어졌습니다.

성별 선택 낙태로 희생된 여아는 얼마나 될까요? 보수적으

17-2. 여아 100명당 남아 출생 수

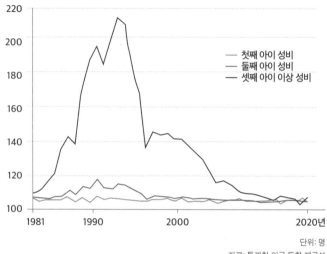

단위: 명
자료: 통계청 인구 동향 재구성

로 추계하기 위해 자연 성비를 조금 크게 1.06으로 잡겠습니다. 1993년에 첫째, 둘째, 셋째 이상 아이의 성비는 각각 1.06, 1.15, 2.06입니다. 첫째의 성비는 자연 성비와 같으니 성별 선택 낙태가 (거의) 없었다고 볼 수 있습니다.

둘째로 태어난 남아는 15만2,766명입니다. 성별 선택 낙태가 없다면 여아는 14만4,119명(15만2,766명/1.06)이 태어났어야 합니다. 그러나 실제로는 13만3,024명만이 태어났습니다. 이 둘의 차이인 1만1,095명의 여아가 사라진 것입니다. 이렇게 성비를 토대로 추산하면 1981년부터 2019년까지 사라진 여자 태아는 최소 30만 명에 달합니다.

우리나라에서 영·유아 살해는 거의 논의된 적이 없습니다. 2011년 유엔 보고에 따르면 남아 선호가 없는 유럽·북미·일본의 경우 다섯 살 미만 아동 사망률은 남아가 여아보다 1.2~1.3배 정도 높습니다. 그러나 우리나라는 1970~1980년대에 1.1배, 그리고 2000년대에는 1.13배입니다.

미필적 고의에 의한 여아의 추가 사망이 40~50년 전에는 어느 정도 존재했을 거라고 추측할 수 있습니다. 참고로, 영·유아 살해가 만연한 중국과 인도에선 여아가 더 많이 죽기 때문에 5세 미만 아동 사망률은 오히려 여아가 1.2~1.3배 높습니다.[1]

많은 사람이 우리나라에는 더 이상 남아 선호가 없다고 생각합니다. 문화체육관광부의 2013년 '한국인의 의식·가치관 조사'에 따르면, 자녀 1명만 낳는다면 66.2%가 딸을 원하고 33.8%만이 아들을 원한다고 답했습니다.

저 또한 딸을 더 원했습니다. 첫아들이 세상에 나왔을 때 너무 기뻤지만, 꼭 딸을 낳고 싶었죠. 둘째는 가족이 필리핀에 거주할 때 임신했습니다. 산전 초음파 결과 딸임을 알았을 때, 저도 모르게 팔짝 뛰어버렸습니다. 의사가 아들이었으면 어쩔 뻔했냐고 파안대소했습니다.

이런 저인데도 남녀차별적 생각을 갖고 있습니다. 아들과

17-3. 내 (첫째) 아이가 갖길 원하는 직업

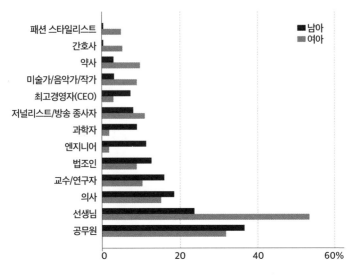

자료: Choi and Hwang(2020)

딸에 대한 기대가 사뭇 다릅니다. 아들은 공부 잘해서 좋은 대학에 진학하고 좋은 직장을 갖기 바랍니다. 성격은 시원시원하고 리더십이 있는 아이가 되길 바라죠. 물론 딸도 공부 잘하고 좋은 직장을 갖기 바라지만, 외모가 예쁘기를 바라는 마음도 있습니다.

기대하는 직업도 다릅니다. 〈17-3〉은 우리나라 부모들이 바라는, 첫 자녀의 직업을 보여줍니다. 임금이 높은 최고경영자, 의사, 법률가, 교수 등은 남아가 갖길 바라는 직업입니다. 여아는 패션 스타일리스트, 간호사, 약사, 교사 등 보수는 낮지만 가정을 돌보기 수월한 직업을 갖길 원합니다.

바로 이 지점에서 남녀차별이 남아 있습니다. 한양대학교 최자원 교수와 서울대학교 황지수 교수의 연구에 따르면, 부모들은 여전히 아들에게 더 많은 투자를 하고 있습니다.[3]

가령 여아보다 남아에게 사교육비를 10% 정도 더 씁니다. 남아의 엄마는 여아의 엄마보다 노동시간을 더 줄여가며 아이를 돌봅니다. 집안일도 여아가 더 많이 합니다.

부모의 이런 반응은 어쩌면 당연한 일입니다. 같은 돈과 시간을 투자해도 남아가 누리는 미래 소득이 여아보다 크기 때문이죠. 그래도 희망적이게 출생 이후 차별은 크게 줄고 있는 추세입니다.

우리나라는 성별 임금 격차가 31.5%로 OECD 회원국 중 독보적인 1위입니다(〈17-4〉 참조).[4] 이는 동종 업계에서 같은 일을 하며 생기는 차별이 아닙니다. 남녀의 직업(직군)과 직위 차이에서 비롯된 것입니다. 여성은 임금이 더 많은 의학과나 이공계로 진학할 확률이 남성보다 낮습니다.

다행히 직군 차이는 지난 20년 동안 많이 개선됐습니다. 이제 행정고시, 외무고시, 변호사 시험 합격자의 남녀 비율은 거의 비슷합니다. 여성 의사 비율도 20년 전에는 약 15%였는데, 현재는 의대 입학생의 30%가 여성입니다. 이공계 여학생의 비율도 30% 수준에 이르렀습니다.

17-4. 성별 임금 격차율

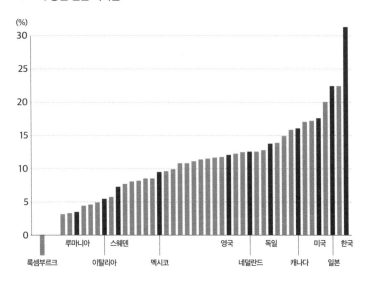

자료: OECD(2023)

그러나 남녀 직급 차이는 상대적으로 개선되지 않았습니다. 그 핵심에는 여성의 경력 단절 문제가 있습니다. 출산 뒤직장을 그만두면 이후 직장에 복귀하기가 어렵고, 복귀한다하더라도 임금이 낮은 비정규직이 대부분이죠.

최근 연구는 '엄마 효과The Mommy Effect'가 얼마나 큰지보여줍니다. 영국의 경우 출산 전 약 88%였던 여성의 노동시장 참여율이 출산 뒤 약 50%로 줄어듭니다. 미국은 약 70%에서 35%로 감소합니다.[5] 연세대학교 한유진 교수의 연구에 따르면, 우리나라도 출산 전 65% 수준이던 여성의 노동시장 참여율이 출산 후 45%까지 떨어집니다. 임금은 무려 68%나 줄어들고요.[6]

어렵게 노동시장에서 살아남은 여성은 또 한 번 좌절을 경험합니다. '유리 천장 효과'라고 합니다. 남성 관리자가 여성의 능력을 더 과소평가하는 경향도 있습니다. 그리고 자녀 양육, 집안일 등 가정 내 여성의 역할이 더 큰 현실에서 여성이 자신의 능력을 충분히 발휘하기 어렵습니다.

부드러운 개입과 가정 친화 정책으로

그러므로 여성에게 어느 정도 적극적 우대 조처Affirmative Action를 적용하는 것은 일견 타당합니다. 우리나라에서 이는 주로 여성할당제를 통해 시행되고 있습니다. 그런데 억지로 여성을 채용하게 하는 방법은 강제하고 윽박지르는 느낌을 줍니다. 이렇게 대놓고 여성을 우대하는 정책은 일부 남성의 반발을 가져와 소기의 목적을 이루지 못하고 오히려 젠더 갈등을 조장할 수 있습니다.

정책을 좀 더 우아하게 펼칠 필요가 있습니다. 우선 그 대상을 잘 정해야 합니다. 30~40대 경력 단절 여성에 집중하는 것이 필요합니다. 현재 20대 및 30대 초반 여성들은 사실상 성차별을 별로 경험하지 못하고 자랐습니다. 오히려 남성들이

군 복무로 인해 경력을 쌓는 데 어려움이 큽니다. 그렇기에 공무원 시험 양성평등 채용 목표제와 같이 사회 초년생을 위한 적극적 우대 조처는 그 타당성을 상실했습니다.

몇 년 전 서울대학교 경제학부는 여성만이 지원할 수 있는 교수 자리를 공지했습니다. 여성할당제입니다. 그런데 정작 실력이 뛰어난 여성 경제학자들은 이 자리에 지원하는 걸 기피했습니다. 실력은 없는데 여자라서 뽑혔다는 편견을 담은 시선이 싫었기 때문입니다.

제가 재직하고 있는 홍콩과학기술대학교는 일종의 넛지Nudge(부드러운 개입)를 사용합니다. 학과별로 독립채산제를 실시하는데, 여성 부교수나 정교수를 뽑으면 대학 본부에서 5년간 임금을 지원합니다. 조교수에겐 이러한 혜택이 없는데, 그 이유는 홍콩도 젊은 층의 성차별은 거의 존재하지 않는다고 생각하기 때문입니다.

우리나라는 얼마 전 '기업 이사회의 성별 구성에 관한 특례 조항'을 포함하도록 '자본시장과 금융투자업에 관한 법률'을 개정해 2021년 10월부터 자산 2조 원 이상의 기업에는 여성 이사를 반드시 1명 이상 선임하도록 했습니다.

이는 여성 임원이 이미 있는 회사엔 영향이 없고, 여성 임원이 없는 회사를 강제하는 하수의 방법입니다. 이보다는 여성 임원을 많이 배출하는 회사에 세제 혜택을 주는 등 부드러운 개입이 불필요한 사회적 갈등을 줄이는 고수의 방법입니다.

여성 전용 주차장도 오답입니다. 정답은 어린아이와 노약자 동반 가족을 위한 주차장입니다. 남녀 모두가 혜택을 누릴 수 있기에 불필요한 젠더 갈등이 생길 여지가 없습니다. 하지만 돌봄을 주로 여성이 담당하는 현실이니 대부분의 혜택은 여성이 누릴 것입니다.

양성평등으로 가는 또 하나의 축은 사회 시스템을 '가정' 친화적으로 변화시키는 것입니다. 하버드대학교의 저명한 경제학자 클로디아 골딘Claudia Goldin은 많은 정규직 일자리가 파트타임이라면 일과 가정이 양립할 수 있다고 했습니다.[7] 자율출퇴근제도 또한 가정 친화적인 변화이지요.

또 '여성'에게만 초점을 둔 정책보다 '가정'에 초점을 둔 정책이 좋습니다. 가령 여성의 경력 단절에만 초점을 맞춘 정책 도입보다는, 출산·질병 등 다양한 어려움 때문에 직장을 포기하는 일이 적은 사회를 만드는 것이 필요합니다.

우리 사회에서 여성은 오랜 세월 태어나면서부터 차별을 받았습니다. 차별의 역사가 아직 끝나지 않았습니다. 그렇기에 여성에 대한 추가적 배려가 필요합니다. 배려하는 방법이 우아하면 남성들도 쉽게 수긍할 것입니다. 더 이상 추가적 배려가 필요 없는 세상도 빨리 오겠지요.

코로나 사망자보다
더 많은 죽음

: 코로나 팬데믹 기간 정책 평가

지난 2023년 6월 1일 종합병원을 제외한 의료기관의
실내 마스크 착용 의무가 해제되었습니다.

확진자 격리 의무도 사라졌습니다. 이제 종합병원 실내 마스크
착용 의무까지 해제되면 기나긴 팬데믹으로부터 진짜 해방되는
날이 오겠죠. 코로나19 바이러스의 위험을 우리 사회가 감당할
수 있게 되었다는 뜻입니다. 우리는 계절성 독감에 걸린 사람의
수를 정확하게 알지 못합니다. 그걸 일일이 세지도 않죠. 단지 매
년 가을마다 열심히 예방접종을 해서 겨울철 유행으로 중환자와
사망자가 대량 발생하는 걸 최대한 막을 뿐입니다. 결국 코로나
19도 이 길로 가게 되었습니다.

한국의 코로나19 대응 전략

우리나라의 초기 코로나19 대응 전략은 빠른 검사Testing-추적 Tracing-치료Treatment, 이른바 3T 정책이었습니다. 그 핵심은 적극적인 추적 검사로 바이러스의 전파 속도보다 빠른 차단 조치를 취하는 것입니다.

이러한 전략은 어느 정도 성공을 거두었습니다. 극단적 봉쇄 조치 없이 사회적 거리 두기만으로 감염자 수를 한동안 낮은 수준에서 유지했고, 경제적 부작용도 다른 나라에 비해 현격히 낮았죠.

하지만 이는 코로나19 감염자 수를 0으로 만들고 종식시키는 수단이었습니다. 백신이 개발되고 감염자 수 0이 불가능함을 알았을 때 우리는 이러한 비상 조치를 끝내고 코로나19와 함께 살아가기를 시도했어야 합니다. 그러나 관성에 젖어 사회적 거리 두기를 조금만 더 참고 견뎌 일상을 회복하자는 실현할 수 없는 희망 고문을 오랫동안 지속했습니다.

그 결과 우리나라는 코로나19 팬데믹을 끝내고 일상으로 돌아오는 시점이 많이 늦었습니다. 사실 대부분의 국가는 우리나라보다 훨씬 먼저 마스크 착용 의무를 없앴습니다. 우리나라는 전 세계에서 가장 늦게 마스크 착용 의무를 해제한 나라 중 하나죠.

앤서니 파우치Anthony Fauci 미국 국립전염병연구소장은 모든 마스크 착용 의무를 해제하며 "이제 미국인 스스로 위험성을 따져보아 이에 맞게 행동해야 할 것"이라고 했습니다. 시민 자율성을 강조한 것입니다.

저는 우리나라의 팬데믹 대처 과정에서 '시민 자율성 부재'가 걱정스러웠습니다. 팬데믹 기간 정부가 시민의 삶에 깊숙이 개입하는 게 일상화되었습니다. 식사 시간과 모임 인원 등 삶의 규칙을 정부가 정하고 따를 것을 강제했죠. 전시 같았던 팬데믹 초기에는 이해할 수 있는 조치였지만 이런 정책의 잔재가 지금까지도 남아 있습니다. 2023년 9월에도 종합병원에서는 마스크를 써야 합니다.

그 결과 시민의 자율적 삶에 큰 흠집이 생겼습니다. 방역 수칙을 지켰는지 따지며 서로를 비난하고 코로나19에 감염된 사람은 죄인 취급을 받아야 했죠.

팬데믹 대처 과정에서 정부 및 언론의 국민과의 의사소통도 문제였습니다. 우리는 코로나19 감염 사례와 사망 보도를 거의 매일 접하면서 살았습니다. 그 결과 코로나19의 위험을 실제보다 훨씬 크게 인식했죠. 이를 '노출 효과' 혹은 '가용성 편향availability bias'이라고 부릅니다.

실제로 대다수 국민이 일반 폐렴, 자살, 교통사고보다 코로나19의 위험을 훨씬 크게 인식했을 것입니다. 이런 편향된 인식은 이를 대비하는 정책에도 잘못된 영향을 줍니다. 정부가 국민의 가장 중요한 위험에 대처하기보다는 사람들의 가장 큰 두려움을 해소하는 데 역량을 집중하게 만들기 때문입니다.

극단적 예로 2022년 3월 27일부터 무려 3개월 넘게 이어진 '상하이 록다운'을 들 수 있습니다. 우리나라 사람들은 이를 보고 한심한 정책이라며 혀를 끌끌 찼지만, 사실 우리 정부도 정도만 다를 뿐 합리적이지 못한 결정을 많이 내렸다고 할 수 있습니다.

코로나19 팬데믹 3년 동안 사실상 전 국민이 감염되었고, 이 중 사망자 수는 총 3만4,960명입니다 연평균으로 하면 1만 1,652명이죠. 그런데 2018년 폐렴으로 죽은 사람은 2만8,280명, 자살로 생을 마감한 사람은 1만3,670명, 교통사고 사망자는 3,781명이었습니다.

코로나 감염 사망자 수가 폐렴이나 자살로 인한 사망자 수와 크게 다르지 않은데, 왜 우리는 유독 코로나19에만 집중했던 것일까요? 저는 가용성 편향의 역할이 컸다고 생각합니다. 이제는 과거의 정책을 복기해보면서 우리 사회의 다음 위기 대처를 고민해야 할 시점입니다.

코로나19 관리 정책의 목표는?

코로나19 관리 정책의 목표는 무엇이어야 할까요? 바이러스 감염자 수 또는 사망자 수를 최대한 낮추는 것일까요? 그렇지 않습니다. 모든 정책 결정에는 기회비용이 따르기 마련입니다.

학생들의 등교를 제한하고 민간 시설 운영을 막는 사회적 거리 두기엔 사회적 비용이 듭니다. 미래 세대의 교육 기회 박탈과 경제 손실이죠. 이 또한 코로나19처럼 사람을 아프게 하고 죽게 만듭니다. 즉, 정책의 목표는 코로나19로 인한 손실과 정책의 부작용으로 생기는 손실의 합을 최소화하는 것이어야 합니다.

첫째, 등교 제한으로 인한 교육 손실의 기회비용은 상당했습니다. 학생들의 학력 저하는 쉽게 예견되는 상황이었죠. 더 큰 문제는 학력 저하가 저소득층 같은 특정 계층에 집중된다는 점입니다.

낮 시간 보호자가 없는 가정의 아이들은 사실상 학습이 이루어지지 않았습니다. 저소득층의 경우 사교육을 통한 문제 해결도 어려웠죠.

결국 등교 제한 조치는 미래 세대에 상당한 부담을 지우고 말았습니다. 저는 정부가 사회에 장기적으로 큰 영향을 주는 학교 교육의 효과를 충분히 염두에 두고 등교 제한 조치를 취했다고 생각하지 않습니다. 어렵지만 필요한 결정을 감히 내리기 두려워한 정책 당국의 소심함과 (불필요하게) 겁을 먹은 학부모들의 여론이 그 원인이지 않을까요?

둘째, 경제 손실은 어느 정도일까요? 교육 손실은 방역 조치로 인한 것이 분명하지만 경제 손실은 코로나19 발생 자체 때문인지 사회적 거리 두기의 부작용 때문인지 정확하게 측정하기 어렵습니다. 그럼에도 실업, 소득 감소 등 사회적 거리 두기의 경제적 부작용이 존재한다는 것은 자명한 사실입니다. 소상공인과 자영업자가 경험해야 했던 고통은 상상을 초월합니다.

이 중에서 가장 중요한 '실업'을 중심으로 살펴봅시다. 한국에서는 연구 사례가 없어 주로 서구의 연구 결과들을 소개합니다.

직장을 잃은 30~40대 가장은 수명이 1~2년 감소한다고 알려져 있습니다.[1] 우리나라의 고용률은 팬데믹 직후 대략 1%

감소했습니다. 15~64세의 생산 가능 인구가 약 3,700만 명이므로 1% 감소는 약 37만 명의 고용이 줄었다는 뜻이지요.

만일 이들의 수명이 1년씩 줄어든다면 그 손실의 크기는 37만 인년person-years(연구 대상의 관찰 기간이 서로 다를 때 사용하는 개념)입니다. 이를 거꾸로 계산하면, 기대여명이 50년 남은 30~40대 7,400명이 죽는 손실(7400명×50년=37만 인년)과 동일하다는 결과가 나옵니다.

실직은 가정도 파괴합니다. 이혼이 늘고,[2] 출산율이 떨어집니다.[3] 실직한 아빠의 10대 자녀는 교육수준이 낮아집니다.[4] 그 결과 성인이 되어서 직업을 가질 가능성도 떨어지죠.[5] 코로나로 인한 죽음처럼 눈에 확 띄지는 않지만 경제가 나빠지면 가장도, 그 가족도 보이지 않게 죽어가는 것입니다.

코로나19로 인한 사망자가 결코 적은 수는 아닙니다. 하지만 우리에게는 그보다 더 많은 사람을 죽게 하는 다양한 이유가 있지요. 자살과 교통사고, 다양한 만성질환도 함께 고려해야 하겠습니다. 또 고용률 1% 감소는 장기적으로 최소 7,400명을 죽게 만든다는 것도 기억해야 합니다.

등교 제한으로 인한 교육 공백이 장기적으로 사회에 미칠 악영향은 가늠조차 할 수 없습니다. 감히 예견하건대 등교 제한은 코로나19 시절 우리 사회가 내린 가장 큰 실수로 평가받을 것입니다. 이는 다음 장에서 살펴보겠습니다.

학생들의 크나큰 손실

: 팬데믹 기간 학교 문을 열었어야 하는 이유

팬데믹이 시작된 2020년 봄, 저는 미국의 코넬대학교에 재직 중이었습니다. 마침 강의를 하지 않는 학기라 대부분의 시간을 한국에서 보낼 수 있었습니다. 맞벌이 가정이어서 집안일을 도와줄 분을 찾았습니다. 저희 가정을 도와주던 60대 초반 아주머니는 이혼한 아들의 자녀들을 키우는 주 양육자였습니다. 그분의 가장 큰 걱정은 집에서 방치되는 손자와 손녀였습니다. 등교 제한 조치로 학교에 가지 못하고 집에서 컴퓨터 게임만 하고 있는데, 손쓸 방법이 없다는 것이었습니다.

우리가 코로나19 유행을 억제하기 위해 취한 조치들이 원치 않은 결과로 이어진 경우가 많습니다. 소상공인·자영업자와 더불어 학생들이 대표적인 피해자입니다. 등교 제한을 오랫동안 지속했기 때문입니다. 등교 제한이 학력 손실로 이어지는 경우, 소득과 건강에 영향을 주고 종국에는 수명까지 단축시킨다는 연구 결과가 있습니다. 더욱이 학력 손실은 특정 계층과 집단에 집중될 것이라는 우려도 큽니다. 코로나19 유행 당시에 학교를 적극적으로 열었어야 하는 이유를 살펴보겠습니다.

첫 번째 이유: 등교 제한은 코로나19 감염 예방 효과가 없었다

등교가 코로나19 감염을 확산할지 여부를 알아내는 일은 쉽지 않습니다. 워낙 코로나19 관련 정책이 얽히고설켜 있기 때문이지요. 가령 등교 제한은 사회적 거리 두기와 동시에 이뤄집니다.

외국에선 등교 효과에 대해 꽤 여러 논문이 나왔는데요, 그 결론이 모두 동일합니다. 연구 설계가 가장 뛰어난 독일의 경우를 먼저 소개하겠습니다.[1]

〈19-1〉은 독일의 2020년 코로나19 감염자 수에 따른 시기별 학교 운영 형태를 보여줍니다. 독일은 2020년 3월 코로나19 감염자가 하루 평균 5,000명 이상으로 급증하자 학교 문을 급히 닫았습니다. 하지만 5월 이후 감염자가 현격히 줄어 하루 1,000명 이하가 되자 조금씩 학교 문을 열었습니다. 그리고 여름방학에 들어갔습니다. 가을 학기에는 학교 문을 완전히 열었습니다.

그런데 그래프를 보면 감염자 수가 8월 이후 서서히 다시 늘어납니다. 학교 문을 열어서 감염자가 증가하는 것일까요? 답은 '알 수 없다'입니다. 8~9월에는 등교뿐 아니라 확진자 수에 영향을 미치는 많은 것이 동시에 변했기 때문입니다. 날씨도, 사람들의 야외 활동도, 기존의 줄어든 감염자 수 덕분에 사회적 거리 두기 정책도 함께 바뀌었습니다.

등교가 코로나19 감염에 미치는 영향을 정확히 측정하려면 '등교했을 때 감염자 수'와 '등교하지 않았을 때 감염자 수'를 모두 알아야 합니다. 등교 효과는 이 둘의 차이입니다. 그

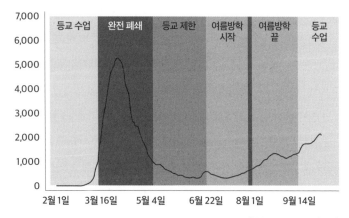

19-1. 2020년 독일의 일별 코로나19 감염자 수와 학교 운영

| 등교 수업 | 완전 폐쇄 | 등교 제한 | 여름방학 시작 | 여름방학 끝 | 등교 수업 |

7,000
6,000
5,000
4,000
3,000
2,000
1,000
0

2월 1일   3월 16일   5월 4일   6월 22일   8월 1일   9월 14일

자료: Isphording et al.(2022)

런데 전국의 학교가 등교 수업을 했다면 '등교하지 않았을 때 발생할 감염자 수'는 알 길이 없습니다.

이처럼 어떤 정책을 도입하지 않았을 때의 결과를 학술 용어로 '반사실Counterfactual'이라고 합니다. 등교를 했을 경우 코로나19 감염자 수는 쉽게 조사할 수 있습니다. 따라서 등교하지 않았을 때의 코로나19 감염자 수(반사실)를 알아내는 것이 연구의 핵심입니다(〈19-2〉 참조).

독일의 정책은 등교가 코로나19 감염에 미치는 영향을 알아보기에 아주 적합한 상황을 제공했습니다. 독일은 〈19-3〉처럼 여름방학이 끝나고 개학하는 때가 시도/시군구별로 달랐

19-2. 정책의 효과와 반사실

정책의 효과는 어떤 정책을 도입했을 때의 결과와 도입하지 않았을 때의 결과, 이 둘의 차이를 말합니다. 정책을 도입했을 때의 결과는 쉽게 알 수 있습니다. 벌어진 일이니 성실하게 측정하면 그만입니다.

정책을 도입하지 않았을 때의 결과를 '반사실'이라고 부릅니다. 그런데 이는 벌어진 일이 아니라 쉽게 알 수 없습니다. 그래서 정책의 효과를 측정하기가 어려운 것이지요. 이를 '인과성 측정의 근본적인 문제Fundamental Problem of Causal Inference'라고 합니다.

등교의 효과도 마찬가지입니다. 등교가 코로나19에 미치는 영향은 등교 시 감염자 수와 등교 제한 시 감염자 수의 차이를 통해 알 수 있습니다. 등교 수업을 진행했다면, 반사실은 등교 제한 시 코로나19 감염자 수입니다. 반사실을 잘 추정하는 것이 영향 평가의 핵심입니다.

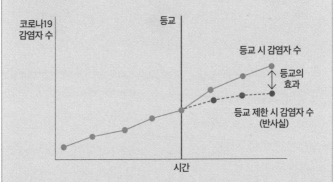

지금의 배우자를 만나서 내 삶이 어떻게 바뀌었을까 궁금하시죠? 가수 싸이의 노래 〈어땠을까〉는 이렇게 묻습니다 "내가 그때 널 잡았더라면, 너와 나 지금보다 행복했을까?" 배우자의 효과는 내 현재의 삶과 내가 지금의 배우자를 만나지 않았을 때 삶(반사실)의 차이입니다. 반사실은 추측만 할 뿐 영원히 알 수가 없습니다. 모르는 게 약인지도 모르겠습니다.

19-3. 2020년 독일의 지역별 가을 학기 시작일

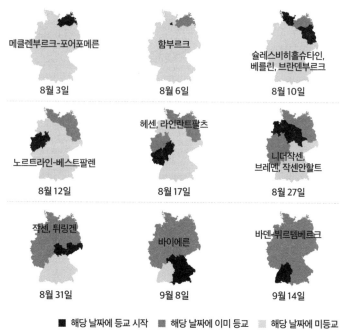

메클렌부르크-포어포메른	함부르크	슐레스비히홀슈타인, 베를린, 브란덴부르크
8월 3일	8월 6일	8월 10일
노르트라인-베스트팔렌	헤센, 라인란트팔츠	니더작센, 브레멘, 작센안할트
8월 12일	8월 17일	8월 27일
작센, 튀링겐	바이에른	바덴-뷔르템베르크
8월 31일	9월 8일	9월 14일

■ 해당 날짜에 등교 시작　■ 해당 날짜에 이미 등교　■ 해당 날짜에 미등교

자료: Isphording et al. (2022)

습니다. 개학이 8월 3일 메클렌부르크-포어포메른 지역을 시작으로, 9월 14일 바덴-뷔르템베르크까지 순차적으로 이뤄졌습니다.

따라서 8월 중순을 기준으로 이보다 일찍 개학한 지방은 '등교시 감염률'을 보여주고, 늦게 개학한 지방은 반사실, 즉 '등교하지 않았을 때의 감염률'을 보여줍니다. 이를 통해 등교

19-4. 등교일 전후 연령별 인구 10만 명당 코로나19 감염자 수 변화(%)

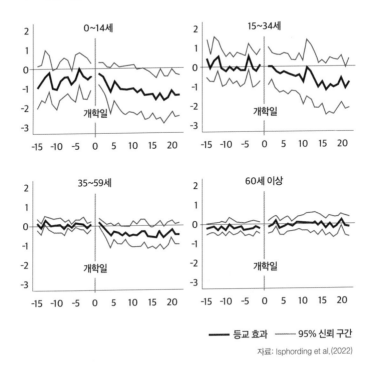

자료: Isphording et al.(2022)

의 코로나19 감염 영향에 대한 신뢰할 만한 결과를 도출할 수 있었습니다.

〈19-4〉는 나이대별로 개학 이후 인구 10만 명당 코로나19 감염자 수의 변화를 보여줍니다. 세로 선으로 표시한 것이 등교 시작일(Day 0)입니다. 최대 25일 정도의 효과를 추정했습니다. 편의상 일찍 등교한 지역을 '처치군', 늦게 등교한 지역을

'대조군'이라고 하겠습니다.

굵은 선이 등교 효과, 즉 처치군과 대조군의 감염자 발생률 차이입니다. 옅은 선은 오차 범위를 보여주고요. 즉, 굵은 선이 0보다 아래에 있으면 등교 이후 코로나19 발생률이 줄어드는 것이고(등교를 시작하지 않은 지역에 비해), 0보다 위에 있으면 코로나19 발생률이 늘어나는 것입니다.

등교 시작일 이전에는 코로나19 발생률 차이가 없어야 합니다. 왜냐하면 이때는 모든 학교가 등교를 시작하기 전이기 때문이지요. 실제로 차이가 오차 범위 내에 있다는 것을 확인할 수 있습니다.

등교 효과는 어땠을까요? 0~14세 아이들은 등교 이후 코로나19 감염이 줄어드는 것을 볼 수 있습니다. 등교 뒤 15일이 지나면 그 차이는 더 커지면서 통계적으로 유의미해집니다. 하지만 다른 나이대 사람에게는 학생들의 등교가 코로나19 감염에 별다른 영향을 주지 못했습니다(오차 범위 내).

그런데 왜 학교 문을 열어도 감염자가 늘지 않을까요? 그 이유는 아이들이 학교에 가지 않을 때 무엇을 하는지(반사실) 생각해보면 비교적 쉽게 알 수 있습니다. 우리는 학교 문을 닫으며, 아이들이 집에 얌전히 있을 테니 코로나19에 걸리지 않을 것이라고 자기도 모르게 가정해버립니다.

물론 엄격하게 아이들을 1년여 동안 친구도 만나지 못하게 집에 묶어둔 부모도 간혹 있을 겁니다. 하지만 대부분의 아이는 학교에 가지 못하는 대신 친구 집에 놀러 가거나, 다른 아이들과 함께 놀이터에서 놀고 편의점에서 간식을 먹습니다.

학원에도 가고요. 학교가 아닌 곳에서 아이들은 쉽게 마스크를 벗고, 이를 통제할 사람도 없습니다.

결국 우리는 선생님의 지도 아래 마스크를 쓰고 수업을 듣는 학교와 편의점, 놀이터, 친구 집, 학원 사이에서 선택을 하는 것입니다. 그러니 방역 지침을 잘 지키는 학교가 아이들에게 오히려 안전할 수 있습니다.

몇몇 연구는 학교 문을 열었을 때 아이들이 어디서 코로나19에 감염되는지를 추적했습니다. '정은경 논문'이라고도 부르는 연구도 이 중 하나입니다. 한림대학교 연구팀은 학교 문을 연 2020년 5~7월 코로나19에 감염된 아이 127명을 조사했습니다. 이 중 단 3명만이 학교에서 감염됐고 다른 124명은 가족, 친척, 학원, 식당 등에서 감염됐습니다.[2]

미국도 마찬가지입니다. 위스콘신주는 2020년 가을 대면 수업을 진행했습니다. 학생과 교직원 191명이 감염됐습니다. 이 중 학교 내에서 감염된 경우는 단 7건입니다.[3] 오스트레일리아도 개강 이후 학생 감염이 매우 드물고, 감염자도 대부분 학교가 아닌 다른 곳에서 발생했다고 보고했습니다.[4]

아마도 이스라엘 사례가 유일한 예외일 것 같습니다.[5] 이스라엘은 등교 이후 모든 연령 집단에서 감염자 수가 완만하게 늘어났다고 보고했습니다. 이 경우에도 중증 환자 수나 사망률에는 전혀 변화가 없었습니다.

한동안 우리나라는 사회적 거리 두기 등급에 따라 등교 제한을 3분의 1 혹은 3분의 2로 정했습니다. 밀집도를 낮추려는 이런 조치는 언뜻 타당해 보이나 실상은 그렇지 않습니다.

교실보다 밀집도가 훨씬 더 높은 지하철과 버스에서 코로나19 감염 사례를 본 적이 있나요? 아마 없을 겁니다. 등교 제한 3분의 1, 3분의 2는 별 의미가 없습니다. 교육 기회 박탈로 학생들에게 미치는 피해만 커질 뿐이지요. 과학적 근거에서 나온 결정이 아니었습니다.

두 번째 이유: 등교 제한의 비용은 엄청나다

학교를 적극적으로 열었어야 하는 두 번째 이유는, 등교 기회 상실이 아이들에게 돌이키지 못할 피해를 입힌다는 것입니다. 아이들이 학교에 가지 못하는 바람에 치를 대가는 너무나도 큽니다. 이는 학교 교육의 효과를 정밀하게 연구한 논문들을 살펴보면 어렵잖게 유추할 수 있습니다. 아이들이 학교 교육의 긍정적 효과를 잃기 때문이죠.

제임스 헤크먼 교수 연구팀의 1970년대 미국의 저소득층 가정 어린이를 위한 교육 프로그램의 장기적 효과 분석 기억하지요? 5세 미만 아동을 무작위로 선발해 양질의 전인교육을 제공하고 30년간 이들을 추적했죠. 효과는 놀라웠습니다. 프로그램 수혜자는 35세가 되었을 때 교육 연한, 취업률, 임금뿐만 아니라 고혈압 유병률 등의 건강 척도에서 비수혜자를 압도했습니다.[6]

저는 컬럼비아대학교 크리스천 폽-엘리케스 교수와 서울대학교 최승주·김부열 교수와 2010년부터 아프리카 말라위에서 여학생 3,000여 명을 무작위로 선발해 고등학교 진학을 위한 장학금을 주는 프로그램을 실시했습니다. 그리고 이 학생들이 5년 뒤 성년이 되었을 때 어떻게 살고 있는지를 추적했습니다.

그 결과를 2018년 미국 학술지 〈사이언스〉에 소개했는데, 성년이 된 프로그램 수혜자는 비수혜자에 비해 돈과 관련한 결정을 훨씬 더 합리적으로 내릴 수 있었습니다.[7]

이 외에도 교육은 좀 더 많은 임금을 받고,[8] 흡연·과음을 할 확률을 낮추며,[9] 좋은 배우자를 만나게 하고[10] 수명을 늘립니다.[11] 또한 다음 세대에까지 영향을 줍니다.[12] 이렇듯 교육은 우리 삶에 지대한 영향을 미칩니다.

한편 학교는 인지 기능과 함께 비인지 기능도 함께 발달시킵니다. 비인지 기능은 유연한 성격, 끈기, 사회성 등을 말하죠.

저의 말라위 연구에서도 교육이 학생들의 성격을 바꾼다는 게 증명되었습니다.[7] 프로그램 수혜자들의 성실성, 개방성, 끈기, 참을성, 감정 성숙의 척도가 현저히 상승한 것입니다.

3장에서도 언급했듯 비인지 기능은 인생에 큰 영향을 줍니다. 가령 끈기 있는 학생은 교육에 더 투자하죠. 그 결과 임금도 더 많이 받고요. 성격 좋은 사람은 같은 회사에 취직해도 직장 생활을 더 잘합니다.

결과적으로 인지적 능력과 비인지적 능력을 모두 갖춘 사람은 사회에서 인정받고 성공할 확률이 훨씬 높습니다. 학교 교육은 인지 기능과 비인지 기능을 모두 키우는 곳입니다. 그런데 등교 제한이 학생들로부터 이런 기회를 빼앗았습니다.

혹자는 온라인 교육이 등교 수업을 충분히 대신할 수 있다고 생각합니다. 하지만 쉽지 않은 일입니다. 웬만한 성인도 온라인상에서는 2~3시간 이상 집중하는 것이 불가능하죠. 많은 아이들이 컴퓨터를 켜놓고 딴짓을 합니다. 평일 낮 시간에 보호자가 집에 없는 학생들은 거의 방치되고 있습니다.

프랑스와 이탈리아의 연구에 따르면 코로나19로 인한 봉쇄령 이후 아이들의 학습에 상당한 악영향이 드러났고, 상호작용이 가능한 온라인 수업을 통해서는 겨우 25% 정도만 그 악영향을 극복할 수 있었습니다.[13]

등교 제한은 아이들을 또 다른 위험에 몰아넣었습니다. 등교해야 제대로 된 점심 식사를 할 수 있는 아이들이 아직도 많습니다.

국제 구호 개발 단체 '세이브더칠드런'은 2020년 8월 37개국 11~17세 어린이 8,000명과 보호자 1만7,000명을 조사한 결과, 코로나19 사태 이후 집에 있는 시간이 늘어나면서 학대를 경험하는 아이가 2배 이상 늘어났다고 전했습니다. 휴대전화 사용 시간이 크게 늘고 게임 중독에 빠지는 아이들도 많아졌죠. 친구, 놀이, 관계를 박탈당한 아이들의 상처 입은 정서엔 손도 쓰지 못했습니다.[14]

숨 가쁘게 나열한 등교 제한의 대가는 앞으로 100년에 걸쳐 코로나19 시대를 겪은 아이들이 모두 사망하는 그날까지 지불해야 할 것입니다. 한번 형성된 비인지 기능은 잘 변하지 않고, 교육은 수명에까지 영향을 주기 때문입니다. 미국과 유럽에서 인구당 감염률이 우리나라의 무려 50~100배 수준인 시절에도 가급적 등교 수업을 진행한 이유입니다.

세 번째 이유: 불평등을 심화시킨다

등교 제한의 피해는 저소득층에 집중됩니다. 학력 저하가 저소득층에서 더 크게 나타난다는 얘깁니다. 고소득층과 저소득층 아이 사이에 벌어진 학력 차이는 특단의 대책이 없는 한 한 세기 동안 이어질 수 있습니다.

저소득층의 경우 온라인 수업을 위한 환경도 좋지 않고, 사교육을 통한 학업 손실 해결도 어렵지요. 이에 비해 여건이 좋은 상위권 아이들은 학원과 과외 수업을 통해 학업 효율성을 올릴 수 있습니다. 불평등에 미친 영향에 대해서는 20장에서 자세히 말씀드리겠습니다.

네 번째 이유: 아이들은 감염되어도 대부분 증상이 가볍거나 전혀 없다

아이들에게 코로나19는 사실상 감기의 위험과 크게 다르지 않았습니다.[15] 우리나라 10세 미만 아동 중 확진자는 316만 4,751명입니다. 아마도 사실은 모든 아이가 걸렸을 겁니다. 하지만 2023년 7월까지 사망자는 37명에 불과합니다. 10~19세의 사망자 수를 다 합쳐도 고작 23명입니다.

그런데 등하굣길에 교통사고로 사망하는 소아·청소년이 연간 약 20~40명입니다. 교통사고가 무서워서 등교하지 않는 사람이 없는 것처럼, 코로나19 감염이 무서워서 학교 문을 닫는 것은 말도 되지 않습니다.

다섯 번째 이유: 어머니와 할머니의 삶을 위험하게 만든다

맞벌이 부부의 경우, 두 사람이 번갈아 연차휴가나 재택근무를 사용하며 아이들을 돌볼 수밖에 없습니다. 초등학교 긴급 돌봄도 수요가 늘어 대기해야 하는 경우가 상당합니다. 돌봄과 학업을 위해 결국 직장을 포기하는 부모가 생길 수 있고, 그 피해는 대부분 어머니의 몫입니다.

가령 2020년 9월 취업자 수는 2019년 같은 시기에 비해 남자는 0.7%, 여자는 2.4% 줄었습니다. 남녀 간 격차가 3배 이상입니다. 미국도 마찬가지 상황으로, 코로나19 직후 취업률이 남성은 4.5%, 여성은 8.2% 줄었습니다.[16] 여성이 훨씬 더 큰 희생을 감당한 것입니다.

아쉬운 우리 교육계의 대처

코로나19 사태 초기, 바이러스에 대해 잘 알지 못할 때, 학교 문을 닫아 감염을 최소화한 것은 이해할 수 있는 결정이었습니다. 하지만 등교 제한이 효과적이지 않다는 과학적 증거가 나온 다음에도 이를 지속한 것은 매우 부적절한 결정이었습니다.

한국의 교육부와 시도 교육청은 앞다투어 교육 불평등을 해소하겠다며 대책을 내놓았습니다. 그런데 가장 중요한 실태 파악이 별로 이루어지지 않고 있습니다. '학력 격차가 커졌다더라'라는 교사·학부모의 경험담과 추측만 무성할 뿐이죠. 격차가 커졌다면 얼마나 커졌는지, 어떤 아이들이 주된 피해자인지, 학력 손실이 보호자 부재 때문인지 혹은 원격 수업 장비 부족 탓인지 제대로 된 분석 자료가 부족합니다.

놀랍게도 우리에게는 학생들의 학력과 관련한 체계적인 자료가 부재합니다. 사실 전국 단위 시험 결과가 있어야 하는데, 우리나라의 유일한 전국 단위 시험인 학업 성취도 평가는 중학교 3학년과 고등학교 2학년을 대상으로 하고, 그나마도 전체가 아닌 3% 샘플입니다. 더구나 초등학생은 전국 단위 시험이 없어 등교 제한이라는 전무후무한 사건이 벌어졌는데도 그것이 학생들의 학업 성취에 미친 영향을 알 길이 없습니다.

학생들에게 지나친 시험 부담을 주는 것은 문제지만, 코로나19 사태를 격으며 저는 적어도 1~2년에 한 번씩 학생들의 성취를 체계적으로 수집하는 것은 필요한 일이라는 생각을 하게 되었습니다. 아울러 학생들의 학력뿐만 아니라 이른바 비인지 기능(가령, 사회성, 끈기 등)에 대한 체계적 조사도 필요하다고 생각합니다.

팬데믹 등교 제한
2년의 성적표

: 등교 제한으로 가속화된 학습 불평등

방역의 실효가 없는데도 불구하고, 교문은 오랫동안 닫혀 있었습니다. 한국만 그랬던 것은 아닙니다.

<20-1>에 다양한 국가의 등교 제한 기간을 표시했습니다. 팬데믹 초기인 2020년 상반기에는 거의 모든 나라가 학교 문을 닫았습니다. 2020년의 등교 제한 기간은 전 세계 평균 22주에 달합니다. 그러나 2021년에 이르러 등교 제한에 감염 예방 효과가 없음이 알려지고, 학력 손실에 대한 우려로 많은 국가가 정상적인 등교를 실시합니다. 그러나 우리나라는 다른 선진국에 비해 등교 제한 기간이 상대적으로 길었습니다. 전면 등교 기간을 뜻하는 막대가 다른 국가들에 비해 상당히 뒤늦게, 짧게 나타납니다.

유럽 선진국과 중·저개발 국가의 차이

팬데믹 초기인 2020년에는 교육 손실을 예상하면서 이러한 손실이 어떤 결과로 이어질지 예측하는 연구만 가능했습니다. 2021년이 되자 2020년 등교 제한의 영향을 직접 측정한 연구가 나오기 시작했습니다. 그 연구 결과를 〈20-2〉에 요약했습니다. 저를 포함한 대부분의 학자가 등교 제한으로 커다란 학력 결손이 있을 것으로 예측했습니다. 실제로 많은 논문이 학력 결손을 보고했고요.

다만 등교 제한 이후 별다른 변화가 없거나 학력이 상승했다는 논문도 있습니다. 연구 결과에 따라서는 온라인 교육 프로그램에서 학생들의 성적이 오히려 올랐다는 보고도 나왔습니다. 등교 제한이 모든 경우에 반드시 학력 손실로 이어진다고 보긴 어렵다는 뜻입니다. 등교 제한으로 인한 교육 손실 여부는 대면 수업 대신 시행하는 교육 방식의 질에 따라 다를 것입니다.

그런데 위의 연구 결과들을 해석하는 데는 2가지 유의할 점이 있습니다. 첫째, 대부분 유럽 선진국에서 이루어진 연구입니다. 유럽 국가들은 (한국보다) 등교 제한 기간이 상대적으로 짧았고 재빠르게 양질의 온라인 수업을 도입했습니다. 그러나 중·저개발 국가의 사정은 사뭇 달랐습니다. 등교 제한 기간이 길고 대체로 교육 여건이 좋지 않았습니다.

〈20-1〉에서 볼 수 있듯이 필리핀, 멕시코, 스리랑카 등은 무책임하게도 지난 2년 대부분의 기간 내내 학교 문을 닫았습니다. 온라인 수업을 할 여건도 되지 않았습니다. 텔레비전과

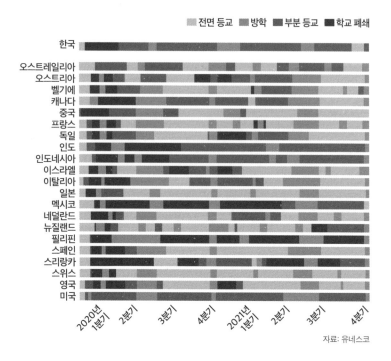

20-1. 2020~2021년 국가별 등교 제한 기간

전면 등교 ■ 방학 ■ 부분 등교 ■ 학교 폐쇄

한국
오스트레일리아
오스트리아
벨기에
캐나다
중국
프랑스
독일
인도
인도네시아
이스라엘
이탈리아
일본
멕시코
네덜란드
뉴질랜드
필리핀
스페인
스리랑카
스위스
영국
미국

2020년 1분기 / 2분기 / 3분기 / 4분기 / 2021년 1분기 / 2분기 / 3분기 / 4분기

자료: 유네스코

라디오로 교육 방송을 실시한 것이 전부입니다. 이런 국가들
에서는 학력 손실이 상당했으리라고 추정해볼 수 있습니다.

둘째, 대다수 연구가 2019년 이전의 학업 성취도와 2020년
의 학업 성취도를 비교 분석했습니다. 이러한 연구 방식에는
사실 큰 문제가 있습니다. 코로나19로 인해 경제 환경이 바뀌
었고 부모들의 돌봄 형태도 많이 달라졌습니다. 그래서 코로

20-2. 국가별 등교 제한의 영향 측정 연구 결과

수업 및 시험 형태	나라	학년	과목	등교 중지 기간	학업 성취 (성적)	학력 격차	연구자
정규 교육 정규 시험	이탈리아	4학년	수학	15주	하락	일부에서 증가	Contini 외 (2021)[1]
	네덜란드	4~7학년	전체 과목	8주	하락	증가	Engzell 외 (2021)[2]
	오스트리아	3~4학년	수학 및 국어	8~10주	변함 없음	증가	Gore (2021)[3]
	독일	5학년	수학 및 국어	8.5주	하락	증가	Schult 외 (2021)[4]
	벨기에	6학년	수학 및 국어	9주	하락	증가	Maldona 외(2020)[5]
	스페인	대학생	컴퓨터, 생물학 등	10주	상승	보고 안 함	Gonzalez 외 (2020)[6]
	덴마크	2, 4, 6 학년	국어	8주	상승	보고 안 함	Birkelund 외(2021)[7]
		8학년	국어	22주	하락		
	한국	11학년	수학, 국어, 영어	17주	변화	증가	김현철 외 (2022)[8]
	스위스	3~6학년	온라인 수학 및 국어	8주	없음	증가	Tomasik 외(2020)[9]
		7~9학년			하락	변화 없음	
온라인 교육 프로그램	네덜란드	7~10학년	온라인 외국어	등교 중지 기간에 측정	변화 없음	증가	van der Velde 외 (2021)[10]
		2~6학년	온라인 수학	등교 중지 기간에 측정	상승	증가	Meeter 외 (2021)[11]
	독일	12학년	온라인 수학	등교 중지 기간에 측정	상승	감소	Spizer 외 (2021)[12]

나19 전후로 성적이 변했다고 해도, 이것이 등교 제한의 결과인지, 코로나19 팬데믹과 함께 동반된 경제·사회·돌봄 충격 때문인지 구분하기 어렵습니다. 또한 시험의 난이도를 매년 완벽하게 조정할 수 없으므로 이 또한 분석 결과에 영향을 줍니다.

저와 연세대학교 경제학부 양희승·한유진 교수는 코로나19 시절 등교 제한이 한국 학생들의 학업 성취 및 불평등에 어떤 영향을 미치는지 연구했습니다.[8] 전국 고등학교 2학년 학생의 국어·수학·영어 성적을 '국가 수준 학업 성취도 평가'의 2015~2020년 자료를 바탕으로 분석한 것입니다. 특수 목적 고등학교인 과학고·외국어고·종합고등학교는 제외했습니다. 팬데믹 이전에는 1학기가 끝나는 6월 말에 시험을 치렀지만, 팬데믹 기간에는 2020년 11월에야 비로소 시험을 볼 수 있었습니다.

한국의 경우, 등교 일수가 코로나19 유행의 정도에 따라서 지역별로, 또 같은 지역 안에서도 학교별로 큰 차이가 있었습니다. 바로 이 점이 기존 연구의 한계를 넘어설 수 있는 단서를 제공했습니다. 한국 고등학교의 2020년 등교 일수는 전년도(2019년) 법정 등교 일수 190일에 크게 못 미친 104일입니다. 전년도에 비해 평균 86일간(약 17주) 등교하지 못한 것입니다. 그런데 이는 평균치일 뿐 실제 등교 제한 기간은 학교에 따라서 차이가 큽니다. 50일 미만인 학교도 있지만 150일을 넘긴 학교도 있었습니다.

그렇다면 코로나19 팬데믹 전후를 비교하는 연구가 아니

20-3. 정책 효과 측정을 위한 이중차분법

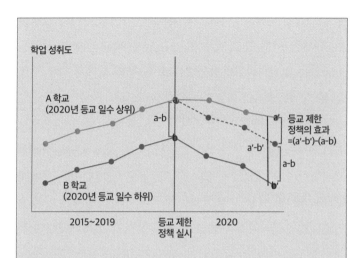

편의상 2020년 등교 일수가 높은 어느 한 학교를 A(노란색)로, A 학교의 2019년 평균 학업 성취도를 a라고 한다. 그리고 등교 일수가 낮은 어느 한 학교(주황색)를 B로, B 학교의 2019년 평균 학업 성취도를 b라고 하자. A 와 B 학교는 팬데믹 이전부터 학업 성취도의 차이가 있었다고 가정한다. 그 차이는 a-b이다. 2020년 A 학교 학생의 성적은 a', B 학교 학생의 성적은 b'로 나타낸다. 등교 제한이 학업 성취도에 미친 영향을 파악하기 위한 방법은 무엇일까? 지금까지 이뤄진 많은 연구는 등교 일수의 지역 간 차이를 고려하지 않고, 그냥 2019년 이전과 2020년 평균 성적을 비교했다. 하지만 진정한 등교 제한 정책의 영향은 '차이의 차이' 값을 구해야 알 수 있다. 즉, 등교 일수가 높았던 A 학교와 등교 일수가 낮았던 B 학교의 2020년 이후 학업 성취도 차이(a'-b')에서 2020년 이전 성취도의 차이(a-b)를 빼는 것이다. 이러한 접근 방식은 차이의 차이를 계산하므로 이중차분법이라고 한다.

라, 신뢰성이 더 높은 분석 기법인 이른바 이중차분법을 사용할 수 있습니다(〈20-3〉 참조). 즉, 팬데믹 이전의 차이를 조정한 후, 팬데믹 이후 등교 일수가 높고 낮은 학교의 학생 성적을 비교하는 것입니다. 이 접근법을 통해 같은 시기에 같은 시험을 본 학생들끼리의 비교가 가능했습니다.

연구 결과, 등교 제한 조치가 고등학생의 학력 결손으로 이어지지는 않았습니다(얼마나 다행인가요!). 〈20-4〉는 그 분석 결과입니다. 각 점들은 2020년 등교 일수 100일 미만 지역 학생들과 100일 이상 지역 학생들의 국어·수학·영어 성적의 차이입니다. 이들 지역 간에는 팬데믹 이전인 2019년에도 이런 저런 이유로 이미 성적 차이가 있었습니다.

이 차이를 보정해 2019년의 성적 격차를 0으로 만들었습니다. 각 점의 세로 막대는 신뢰 구간(오차 범위)입니다. 2015~2019년에는 학교별·지역별로 등교 일수의 차이가 거의 없었습니다. 그러므로 성적 격차도 모두 0에서 오차 범위 내에 있어야 합니다. 실제로 그렇습니다. 만일 등교 제한이 학업 성취도에 악영향을 미친다면 2020년의 수치는 0에서 유의미하게 아래로 떨어져야 합니다. 그러나 분석 결과는 이전과 별다른 변화가 없었음을 보여줍니다.

다만 등교 제한은 불평등을 증가시켰습니다. 〈20-5〉는 교과목별 성적의 분포입니다. 가로 축은 평균이 0, 표준편차가 1인 표준화 성적입니다. 각각 상위권과 하위권이라고 할 수 있는 표준편차 1.5 이상, -1.5 미만은 전체 학생 중 대략 5~7%입니다. 굵은 선으로 표시한 2020년 분포를 보면, 국어·수학·

20-4. 등교 일수가 고등학교 2학년 학업 성취도에 미치는 영향

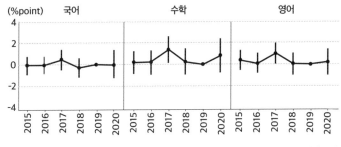

자료: Hahn, Kim and Yang(2023)

20-5. 고등학교 2학년 학업 성취도 연도별 점수 분포

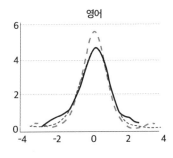

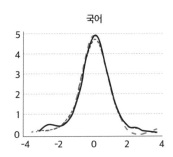

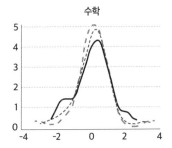

20-6. 등교 일수에 따른 과목별 상·중·하위권 학생의 비율

	국어			수학			영어		
	하위권	중위권	상위권	하위권	중위권	상위권	하위권	중위권	상위권
등교 일수 100일 이상	6.0	90.0	4.1	7.1	88.9	4.0	6.2	89.2	4.6
등교 일수 100일 미만	8.1	86.9	5.1	9.8	84.8	5.4	8.9	84.3	6.8

주: 등교 일수가 성적 분포에 미치는 인과적 영향을 재구성

영어 모두 하위권(표준편차 -1.5 미만)이 유달리 늘어난 현상을 관찰할 수 있습니다.

등교 제한이 이러한 변화의 주범이었습니다(〈20-6〉 참조). 등교 일수가 낮은 학교에서 불평등의 증가가 두드러졌습니다 (이중차분법을 통해 과거 추이와 코로나19 발생 등을 모두 통제한 뒤 산출한 수치입니다). 2019년 이전까지 모든 상·중·하위권 학생의 비율에 변화가 없다가 갑자기 2020년에 변화가 생겼습니다. 등교 일수가 낮은 학교는 국어·수학·영어 모든 과목에서 상·하위권 학생의 비율이 늘고 중위권 학생의 비율이 줄었습니다.

왜 학습 불평등이 증가했을까?

안타깝게도 이번 연구에서는 자료의 제약으로 학업 성취도만큼이나 중요한 사회성, 유연한 성격, 끈기 등 비인지 기능에 대해서는 자세히 다루지 못했습니다. 그러나 등교 제한이 전체적인 학업 만족도를 감소시킨다는 사실은 알 수 있었습니다. 이에 대한 추가 연구가 필요한 상황입니다.

요약하면, 우리나라에서의 등교 제한은 고등학생의 '평균' 학업 성취도를 낮추지 않았지만 학습 불평등은 증가시켰습니다. 잘하는 친구들은 더 잘하고, 못 하는 친구들은 더 못 하게 되었습니다. 왜 그랬을까요? 완벽하게 알 수는 없지만 다음과 같은 추론이 가능합니다.

상위권 학생들에게 공교육은 애초에 사교육 같은 대체 학습에 비해 효과적이지 않았을 가능성이 높습니다. 그렇기에 팬데믹으로 등교하지 않는 동안 본인 수준에 맞는 공부를 해서 성적이 올랐을 수 있습니다. 또 상위권 학생의 부모는 이 기간 아이들의 학업에 더욱 적극적으로 나섰을 것입니다.

반면 하위권 학생들에게 등교는 공부할 수 있는 '최소한의' 환경을 제공합니다. 학교를 가지 않으니 학업에 손을 놓아버렸을 수 있습니다. 부모가 교육에 적극적일 가능성도 낮습니다.

이 결과를 보면서 편부모 가정의 손주들을 돌보던 가사 도우미 아주머니가 생각이 났습니다. 이렇게 사회·경제적으로 어렵고 집에서 돌봐줄 보호자가 없는 가정의 아이들이 등교 제한의 가장 큰 피해자였을 것입니다. 등교 제한의 비용은 불평등의 가속화입니다. 친구를 빼앗고 비인지 기능에 나쁜 영향을 줍니다.

20학번 대학생들은 아직 같은 과 친구들과 제대로 어울려 보지 못했습니다. 2년제 전문대학 학생들은 그사이에 이미 졸업했습니다. 코로나19 팬데믹으로 악화한 교육 불평등을 개선하는 정책은 향후 지속적으로 관련 부처의 주요 정책 과제가 되어야 합니다.

경제학이
필요한
순간°

나오며

좋은 공동체에는
불행을 극복하는 힘이 있다

우리 주위에서는 많은 사상자가 발생하는 사건·사고들이 예기치 않게 벌어지곤 합니다. 성수대교 붕괴, 삼풍백화점 붕괴, 대구 지하철 참사, 세월호 참사, 이태원 참사 모두 우리나라 사람이라면 잊을 수 없는 사건입니다. 일본의 후쿠시마 원전 폭발, 미국의 9·11테러, 유럽의 한동안 이어지던 테러가 그러한 사건입니다.

(살아남은) 피해자와 그 가족의 심리·정신적인 문제는 비교적 잘 알려져 있습니다. 상당수가 외상후스트레스장애PTSD를 겪죠. 우울증·불안장애·공황장애 등이 동반됩니다. 세월호 참사 관련 피해자(생존자부터 구조 잠수 요원까지) 상당수가 여전히 정신적 문제로 고통을 받고 있죠. 그래서 이런 사건 이후의 대책도 피해 당사자들의 심리 회복에 초점을 맞추고 있습

니다.

그런데 참사가 일어나면 사건의 직접 피해자뿐만 아니라 사회 구성원 모두 정도의 차이가 있을 뿐 아픔을 겪습니다. 프랑스 사회를 발칵 뒤집었던 〈샤를리 에브도〉 테러 사건의 예를 들어보겠습니다. 이 주간지는 성역 없는 비판이 모토인 공격적 풍자로 유명했습니다. 2012년 이슬람 예언자 무함마드를 나체로 묘사하는 풍자 만평이 나가자 이슬람권은 크게 반발했습니다. 그리고 2015년 이슬람원리주의 테러리스트 2명이 〈샤를리 에브도〉 본사에 총기를 난사해 편집장을 비롯한 12명을 사살했습니다.

이 끔찍한 사건으로 인해 프랑스는 인근 국가들에 비해 시민의 행복감이 한동안 매우 줄어들었습니다.[1] 행복감의 감소는 저소득층에 더 집중되었습니다. 아마도 이들이 서로를 위로할 네트워크와 자원이 더 적고, 적절한 심리 지원을 받기 어렵기 때문일 것입니다. 그리고 (무슬림) 이민자의 경우 특히 고통이 심했습니다. 이는 테러 이후 이민자에 대한 부정적 시각이 더 커질 것을 걱정했기 때문인 것으로 풀이됩니다.

끔찍한 사건으로 인한 정신적 문제는 매우 오래 지속됩니다. 우리나라 70대 이상 노인들은 한국전쟁이라는 극한의 고통을 경험했습니다. 하지만 우리 사회는 이들의 심리 회복에 대한 생각을 해보지 못한 채 산업화와 민주화를 이루며 70년이 흘렀습니다. 이들의 삶에는 과연 어떤 변화가 생겼을까요?

한국전쟁의 영향은 지역별로 달랐습니다. 전쟁은 초기를 제외하고는 주로 중부지방에 집중되었습니다. 그래서 학자들은 한국전쟁을 더욱 참혹하게 겪은 사람들과 상대적으로 그렇지 않은 사람들의 삶을 비교 추적할 수 있었고, 전쟁을 더 참혹하게 겪은 이들은 수십 년이 흘렀음에도 불구하고 우울증·공포감·불면증·외로움을 경험할 확률이 높다는 사실을 밝혀냈습니다.[2] 또한 어린 시절 한국전쟁을 잔혹하게 경험한 사람일수록 본능적으로 위험을 회피하고, 정치적으로 보수화되었습니다.[3]

불행은 개인은 물론 사회 공동체도 변화시킵니다. 참사 이후 그것을 겪은 공동체가 망가지고 피폐해지기만 하는 건 아닙니다. 다수가 힘을 합쳐 그 참사의 피해를 잘 보듬고 극복해나간 경우, 사회 구성원 간 협력 및 유대가 높아진다는 연구결과도 많이 있습니다.

먼저 천재지변을 살펴보겠습니다. 동일본 대지진으로 인해 강제 이주당한 사람들에게 사회 공동체가 적극적으로 개입한 결과, 이들의 각종 사회 활동과 사회 참여(친구와의 교제, 사교 및 스포츠 클럽 참여 등)가 크게 늘었습니다.[4] 이는 정신적 어려움을 극복할 수 있는 자산이 되었겠죠.

2004~2007년 인도네시아에는 여러 차례 강도 높은 지진이 발생했습니다. 피해를 입은 지역엔 복구 기간이 지난 이후에도 공동체 모임, 자원봉사 활동, 투표 참여, 빈곤 개선 프로그램 등이 증가했습니다.[5]

한편 2004년 인도양에서 발생한 지진이 쓰나미를 일으켜 스리랑카·인도네시아·인도·타이 등에 엄청난 피해를 입혔습니다. 그런데 연구 결과 쓰나미를 경험한 지역 사람들은 피해 복구 이후에도 타인에 대한 신뢰도가 상승했습니다. 복구 과정에서 공동체로부터 받은 적극적 개입의 결과일 것입니다.

테러를 경험한 공동체는 단결했습니다. 〈샤를리 에브도〉 테러 이후 프랑스 공동체에서 타인에 대한 신뢰와 공동체 구성원 간 적극적 교류가 늘어났습니다.[6] 더 많은 고통을 겪은 이민자들은 더 열심히 사회적 교류를 실천했습니다.[1] 참사가 일어난 뒤 그 아픔을 보듬으려는 공동체의 노력이 이어진 것입니다.

2001년 9·11 테러 이후 미국 공동체의 변화도 인상적입니다. 희생자 가족과 그 이웃은 그렇지 않은 뉴욕·뉴저지 거주민에 비해 투표에 더 적극적인 유권자가 되었습니다.[7] 희생자 가족은 3~4%포인트, 이웃은 1~2%포인트씩 투표율이 증가했습니다. 증가분은 주로 테러와의 전쟁을 주도한 공화당에 쏠렸지만 말입니다.

불우한 어린 시절을 경험한 사람, 친구를 잘못 만나 옳지 못한 길로 빠져든 사람, 예기치 않게 실직한 사람, 오랫동안 차별에 노출된 사람, 코로나19로 학창 시절을 잃어버린 청소년 등은 모두 불행을 경험한 당사자들입니다.

특히 2020년부터 2023년까지 우리 사회는 코로나19 팬데믹으로 인해 크게 영향을 받았습니다. 이 과정에서 많은 분들이 건강을 잃고 경제적 아픔을 겪었습니다. 세월호 사건은 지금까지도 치유되지 않은 국가 공동체의 상처입니다. 또 2022년에는 이태원 참사도 겪었지요. 이것들은 오랫동안 우리 사회에 마음의 상처로 남을 것입니다.

이 책에서 소개한 연구들은 공동체의 적극적 개입에 개인과 사회의 불행과 아픔을 승화시키는 힘이 있음을 보여줍니다. 모쪼록 울고 있는 사람들과 함께 애통해하는 대한민국, 상처 입은 사람들을 적극적으로 보듬는 대한민국이 되었으면 좋겠습니다.

감사의 글

이 책은 많은 사람들의 도움으로 쓰였습니다. 지도교수이자 친구인 크리스천 폽-엘리케스Christian Pop-Eleches(콜롬비아대)에 특별한 감사를 전합니다. 그동안 저와 함께해온 분들에게 감사를 전합니다. 권순만(서울대), 김부열(서울대), 김성훈(싱가포르경영대), 김택승(미국 질병관리센터), 김현섭(시카고 연방준비은행), 남은우(연세대), 료타로 하야시Ryotaro Hayashi(아시아개발은행), 박상윤(홍콩과기대), 박설리(워싱턴주립대), 박혜준(서울대), 사와다 야스유키Sawada Yasuyuki(도쿄대), 성한경(서울시립대), 손혁(네덜란드 위트레흐트대), 신재용(연세대), 알만드 심Armand Sim(호주 모내시대), 양희승(연세대), 이선미(건강보험공단), 윌프레도 림Wilfredo Lim(매스매디카 정책연구소), 이보람(대구대), 이정민(서울대), 이태화(연세대), 정진욱(연세대), 정재현(이화여대), 존 이란 주John Yiran Zhu(캔자스대), 짐 베리Jim Berry(조지아대), 최승주(서울대), 패트릭 애주밍Patrick Asuming(가나대), 한유진(연세대), 한예은(경희대), 황승식(서울대), 황지수(서울대) 선생에게, 저의 지나친 부지런함 혹은 게으름을 감내해준 것에 다시 한 번 감사하다는 말을 전하고 싶습니다.

그동안 제 연구팀의 일원으로 힘써온 분들에게도 이 자리를 빌려 고마움을 전합니다. 강효림, 곽민지, 김건호, 김민아, 김민정, 김상은, 김성진, 김수영, 김정은, 김종원, 김지원, 김지은, 김진호, 김태현, 김택수, 김해동, 김현영, 김현지, 남용현, 노해윤, 레베카 카디널리Rebecca Cardinali, 류시원, 무양 여Muyang Ye, 박경덕, 박사은, 박시호, 배원준, 백지원, 성민현, 성승용, 소한윤, 송영우, 신현호, 앨비스 탱Alvis Tang, 양동균, 오정현, 원주신, 유수선, 윤정수, 윤정환, 윤태준, 이동훈, 이미나, 이설이, 이승철, 이신영, 이에스더, 이지영, 이훈상, 장균석, 최강우, 최나실, 최서윤, 최윤지, 치 조Qi Zhou, 홍혜영 선생이 바로 그들입니다.

이 책에 소개된 저의 '정책 실험'을 가능하게끔 지원을 아끼지 않은 아프리카미래재단 고故 박상은, 김억, 안숙이, 황현룡, 김지혜, 이미나, 최이슬 선생님, 분당제일여성병원 한동업, 최인철, 백은찬, 한성식 원장님, 부천서울병원 송현진 원장님, 말라위의 고故 김수지 교수님, 백영심 선생님, 에티오피아의 김태훈, 김희연, 김철수, 문홍량 선생님, 비아트론 김형준 대표님께도 감사를 전합니다. 이 책의 상당 부분은 "삶이 묻고 경제학이 답하다"와 "김현철의 사람을 위한 정책"으로 연재된 글입니다. 원고 작성에 큰 도움을 주신 변진경 기자와 정은주 기자께 감사합니다. 그리고 책을 구성하고 출판하는 데 큰 도움을 주신 김영사 심성미 팀장님께도 감사의 말씀을 전합니다.

이 책은 가족들이 없었다면 쓰이지 못했을 것입니다. 아내는 양성평등을 외치지만 실제 삶은 많이 부족한 제 모순적인 모습을 잘 받아주었습니다. 고맙고 미안한 마음을 전합니다. 두 아이를 기르며 어린 시절의 중요성을 연구하니 새삼 부모님의 헌신과 노력에 감사하게 됩니다. 황혼 육아를 기꺼이 감당해주신 양가 부모님께는 늘 빚진 마음입니다. 지난 3년 육아, 청소, 식사 준비를 너무도 훌륭하게 담당해준 가사 도우미 오디자 드패즈Odiza De Paz에게도 감사를 전합니다.

삶의 모든 순간에 영향을 미치는 정책의 중요성을 일상의 삶에서 기억하게 해주는 부모님, 아내, 두 아이들에게 이 책을 바칩니다.

주

들어가며

1. https://www.nytimes.com/2013/10/21/opinion/yes-economics-is-a-science.html

2. Hanushek, Eric A.(1999) "Some Findings from an Independent Investigation of The Tennessee Star Experiment and from Other Investigations of Class Size Effects." *Educational Evaluation and Policy Analysis* 21.2: 143-163.

3. Krueger, Alan B., and Diane M. Whitmore(2001). "The Effect of Attending a Small Class in The Early Grades on College-Test Taking and Middle School Test Results: Evidence from Project Star." *The Economic Journal* 111.468: 1-28.

4. Chetty, Raj, Nathaniel Hendren, and Lawrence F. Katz(2016). "The Effects of Exposure to Better Neighborhoods on Children: New Evidence from The Moving to Opportunity Experiment." *American Economic Review* 106.4: 855-902.

5. Sachs, Jeffrey D.(2006) *The End of Poverty: Economic Possibilities for Our Time*. Penguin.

6. Easterly, William.(2006) "The White Man'S Burden." *The Lancet* 367.9528: 2060.

7. 아비지트 배너지, 에스테르 뒤플로(2012).《가난한 사람이 더 합리적이다》. 생각연구소.

1장

1. Milanovic, Branko(2015). "Global Inequality of Opportunity: How Much of Our Income Is Determined by Where We Live." *Review of Economics and Statistics* 97.2: 452-460.

2. Sacerdote, Bruce(2007). "How Large Are The Effects from Changes in Family Environment? A Study of Korean American Adoptees." *The Quarterly Journal of Economics* 122.1: 119-157.

3. Tomasetti, Cristian, Lu Li, and Bert Vogelstein(2017). "Stem Cell Divisions, Somatic Mutations, Cancer Etiology, and Cancer Prevention." *Science* 355.6331: 1330-1334.

4. Zimmerman, Seth D.(2019) "Elite Colleges and Upward Mobility to Top Jobs and Top Incomes." *American Economic Review* 109.1: 1-47.

5. Frank, Robert H.(2016) *Success and Luck.* Princeton University Press.

6. Sandel, Michael J.(2020) *The Tyranny of Merit: What's Become of The Common Good?* Penguin UK.

2장

1. Almond, Douglas(2006). "Is The 1918 Influenza Pandemic Over? Long-Term Effects of in Utero Influenza Exposure in The Post-1940 US Population." *Journal of Political Economy* 114.4: 672-712.

2. Barker, D. J. P.(1995) "Fetal Origin of Coronary Heart Disease." *British Medical Journal* 311(6998): 171-174.

3. Almond, Douglas, Lena Edlund, and Mårten Palme(2009). "Chernobyl's Subclinical Legacy: Prenatal Exposure to Radioactive Fallout and School Outcomes in Sweden." *The Quarterly Journal of Economics* 124.4: 1729-1772.

4. Lee, Chulhee(2014). "In Utero Exposure to The Korean War and Its Long-Term Effects on Socioeconomic and Health Outcomes." *Journal of Health Economics* 33: 76-93.

5. Almond, Douglas, and Bhashkar Mazumder(2011). "Health Capital and The Prenatal Environment: The Effect of Ramadan Observance During Pregnancy." *American Economic Journal: Applied Economics* 3.4: 56-85.

6. Persson, Petra, and Maya Rossin-Slater(2018). "Family Ruptures, Stress,

and The Mental Health of The Next Generation." *American Economic Review* 108.4-5: 1214-1252.

7. Isen, Adam, Maya Rossin-Slater, and W. Reed Walker(2017). "Every Breath You Take-Every Dollar You'Ll Make: The Long-Term Consequences of The Clean Air Act of 1970." *Journal of Political Economy* 125.3: 848-902.

8. Nilsson, J. Peter(2017). "Alcohol Availability, Prenatal Conditions, and Long-Term Economic Outcomes." *Journal of Political Economy* 125.4: 1149-1207.

• Almond, Douglas, Janet Currie, and Valentina Duque(2018). "Childhood Circumstances and Adult Outcomes: Act Ii." *Journal of Economic Literature* 56.4: 1360-1446.

3장

1. Bleakley, Hoyt(2010). "Malaria Eradication in The Americas: A Retrospective Analysis of Childhood Exposure." *American Economic Journal: Applied Economics* 2.2: 1-45.

2. Venkataramani, Atheendar S.(2012) "Early Life Exposure to Malaria and Cognition in Adulthood: Evidence from Mexico." *Journal of Health Economics* 31(5): 767-780.

3. Grönqvist, Hans, J. Peter Nilsson, and Per-Olof Robling(2020). "Understanding How Low Levels of Early Lead Exposure Affect Children's Life Trajectories." *Journal of Political Economy* 128.9: 3376-3433.

4. Adhvaryu, Achyuta, James Fenske, and Anant Nyshadham(2019). "Early Life Circumstance and Adult Mental Health." *Journal of Political Economy* 127.4: 1516-1549.

5. Løken, Katrine V., Magne Mogstad, and Matthew Wiswall(2012). "What Linear Estimators Miss: The Effects of Family Income on Child Outcomes." *American Economic Journal: Applied Economics* 4.2: 1-35.

6. Currie, Janet, and Cathy Spatz Widom(2010). "Long-Term Consequences of Child Abuse and Neglect on Adult Economic Well-Being." *Child Maltreatment* 15.2: 111-120.

7. Conti, Gabriella, James J. Heckman, and Rodrigo Pinto(2016). "The

Effects of Two Influential Early Childhood Interventions on Health and Healthy Behaviour." *The Economic Journal* 126.596: F28-F65.

8. Garces, Eliana, Duncan Thomas, and Janet Currie(2002). "Longer-Term Effects of Head Start." *American Economic Review* 92.4: 999-1012.

9. Carneiro, Pedro, and Rita Ginja(2014). "Long-Term Impacts of Compensatory Preschool on Health and Behavior: Evidence from Head Start." *American Economic Journal: Economic Policy* 6.4: 135-173.

10. Heckman, James, et al.(2010) "Analyzing Social Experiments As Implemented: A Reexamination of The Evidence from The Highscope Perry Preschool Program." *Quantitative Economics* 1.1: 1-46.

11. Heckman, James, Rodrigo Pinto, and Peter Savelyev(2013). "Understanding The Mechanisms Through Which an Influential Early Childhood Program Boosted Adult Outcomes." *American Economic Review* 103.6: 2052-2086.

12. García, Jorge Luis, et al.(2020) "Quantifying The Life-Cycle Benefits of an Influential Early-Childhood Program." *Journal of Political Economy* 128.7: 2502-2541.

13. Heckman, James J., Jora Stixrud, and Sergio Urzua(2006). "The Effects of Cognitive and Noncognitive Abilities on Labor Market Outcomes and Social Behavior." *Journal of Labor Economics* 24.3: 411-482.

4장

1. Havnes, T., and M. Mogstad(2011). "No Child Left Behind: Subsidized Child Care and Childrens Long-Run Outcomes." *American Economic Journal: Economic Policy* 3(2): 97-129.

2. Bettinger, Eric, Torbjørn Hægeland, and Mari Rege(2014). "Home With Mom: The Effects of Stay-At-Home Parents on Children's Long-Run Educational Outcomes." *Journal of Labor Economics* 32.3: 443-467.

3. Gathmann, Christina, and Björn Sass(2018). "Taxing Childcare: Effects on Childcare Choices, Family Labor Supply, and Children." *Journal of Labor Economics* 36.3: 665-709.

4. Danzer, Natalia, and Victor Lavy(2018). "Paid Parental Leave and Children's Schooling Outcomes." *The Economic Journal* 128.608: 81-117.

5. Carneiro, Pedro, Katrine V. Løken, and Kjell G. Salvanes(2015). "A Flying

Start? Maternity Leave Benefits and Long-Run Outcomes of Children." *Journal of Political Economy* 123.2: 365-412.

6. Ginja, Rita, Jenny Jans, and Arizo Karimi(2020). "Parental Leave Benefits, Household Labor Supply, and Children's Long-Run Outcomes." *Journal of Labor Economics* 38.1: 261-320.

5장

1. OECD(2017). *The Pursuit of Gender Equality: An Uphill Battle.*
2. Yoong, Joanne, Lila Rabinovich, and Stephanie Diepeveen(2012). "The Impact of Economic Resource Transfers to Women Versus Men: A Systematic Review." *Institute of Education Technical Report.* University of London(London, Eppi-Centre).
3. Persson, Petra, and Maya Rossin-Slater(2019). "When Dad Can Stay Home: Fathers' Workplace Flexibility and Maternal Health." no. W25902. *National Bureau of Economic Research.*
4. Han, Y., Park, S., Kim, J., and Hoddinott, J.(2023) "Engaging Fathers Through Nutrition Behavior Communication Change Does Not Increase Child Dietary Diversity in a Cluster Randomized Control Trial in Rural Ethiopia." *The Journal of Nutrition.* 153(2): 569-578.

6장

1. Sacerdote, Bruce(2001). "Peer Effects With Random Assignment: Results for Dartmouth Roommates." *The Quarterly Journal of Economics* 116.2: 681-704.
2. Zimmerman, David J.(2003) "Peer Effects in Academic Outcomes: Evidence from a Natural Experiment." *Review of Economics and Statistics* 85.1: 9-23.
3. Chen, Siyu, and Zihan Hu(2022). "How Competition Shapes Peer Effects: Evidence from a University in China." Working Paper.
4. Sacerdote, Bruce(2011). "Peer Effects in Education: How Might They Work, How Big Are They and How Much Do We Know Thus Far." *Handbook of The Economics of Education.* Vol. 3. Elsevier: 249-277.
5. Trogdon, Justin G., James Nonnemaker, and Joanne Pais(2008). "Peer Effects in Adolescent Overweight." *Journal of Health Economics* 27.5:

1388-1399.

6. Hoxby, Caroline M.(2000) "The Effects of Class Size on Student Achievement: New Evidence from Population Variation." *The Quarterly Journal of Economics* 115.4: 1239-1285.

7. Bayer, Patrick, Randi Hjalmarsson, and David Pozen(2009). "Building Criminal Capital Behind Bars: Peer Effects in Juvenile Corrections." *The Quarterly Journal of Economics* 124.1: 105-147.

7장

1. Holmes, T. H. and R. H. Rahe(1967). "The Social Readjustment Rating Scale." *Journal of Psychosomatic Research* 11(2): 213-221.

2. Sullivan, Daniel and Till Von Wachter(2009). "Job Displacement and Mortality: An Analysis Using Administrative Data." *The Quarterly Journal of Economics* 124(3): 1265-1306.

3. Couch, Kenneth and Dana Placzek(2010). "Earnings Losses of Displaced Workers Revisited." *American Economic Review* 100(1): 572-589.

4. Browning, Martin and Eskil Heinesen(2012). "Effect of Job Loss Due to Plant Closure on Mortality and Hospitalization." *Journal of Health Economics* 31(4): 599-616.

5. Marcus, Jan(2013). "The Effect of Unemployment on The Mental Health of Spouses-Evidence from Plant Closures in Germany." *Journal of Health Economics* 32.3: 546-558.

6. Charles, Kerwin Kofi, and Melvin Stephens, Jr.(2004) "Job Displacement, Disability, and Divorce." *Journal of Labor Economics* 22.2: 489-522.

7. Oreopoulos, Philip, Marianne Page, and Ann Huff Stevens(2008). "The Intergenerational Effects of Worker Displacement." *Journal of Labor Economics* 26.3: 455-483.

8. Jisoo Hwang, Hyuncheol Bryant Kim, and Jungmin Lee(2023). "The Effect of Job Loss on Health: Evidence from Administrative and Biomarker Data." Working Paper.

8장

1. Lumsdaine, Robin L., and Stephanie JC Vermeer(2015). "Retirement Timing of Women and The Role of Care Responsibilities for

Grandchildren." *Demography* 52.2: 433-454.

2. Frimmel, Wolfgang, et al.(2022) "Grandmothers' Labor Supply." *Journal of Human Resources* 57.5: 1645-1689.

3. Compton, Janice, and Robert A. Pollak(2014). "Family Proximity, Childcare, and Women's Labor Force Attachment." *Journal of Urban Economics* 79: 72-90.

4. Ates, Merih(2017). "Does Grandchild Care Influence Grandparents' Self-Rated Health? Evidence from a Fixed Effects Approach." *Social Science & Medicine* 190: 67-74.

5. Oshio, Takashi(2022). "Is Caring for Grandchildren Good for Grandparents' Health? Evidence from a Fourteen-Wave Nationwide Survey in Japan." *Journal of Epidemiology* 32.8: 363-369.

9장

1. Kim, Hyuncheol Bryant, and Wilfredo Lim(2015). "Long-Term Care Insurance, Informal Care, and Medical Expenditures." *Journal of Public Economics* 125: 128-142.

10장

1. Cortes, Patricia, and Jessica Pan(2013). *Journal of Labor Economics* 31.2: 327-371.

2. https://data.oecd.org/emp/hours-worked.htm

3. https://www.oecd.org/els/family/database.htm

11장

1. Kim, Chul-Woung, Sang-Yi Lee, and Ok-Ryun Moon(2008). "Inequalities in Cancer Incidence and Mortality Across Income Groups and Policy Implications in South Korea." *Public Health* 122.3: 229-236.

2. Chetty, Raj, et al.(2016) "The Association Between Income and Life Expectancy in The United States, 2001-2014." *Jama* 315.16: 1750-1766.

3. Kinge, Jonas Minet, et al.(2019) "Association of Household Income With Life Expectancy and Cause-Specific Mortality in Norway, 2005-2015." *Jama* 321.19: 1916-1925.

4. Khang, Young-Ho, et al.(2019) "Trends in Inequality in Life Expectancy

at Birth Between 2004 and 2017 and Projections for 2030 in Korea: Multiyear Cross-Sectional Differences by Income from National Health Insurance Data." *BMJ Open* 9.7: E030683.

5. Kim, Hyuncheol Bryant, and Sun-Mi Lee(2017). "When Public Health Intervention Is Not Successful: Cost Sharing, Crowd-Out, and Selection in Korea's National Cancer Screening Program." *Journal of Health Economics* 53: 100-116.

6. Berry, James, Hyuncheol Bryant Kim, and Hyuk Harry Son(2022). "When Student Incentives Don't Work: Evidence from a Field Experiment in Malawi." *Journal of Development Economics* 158: 102893.

7. Skoufias, Emmanuel, Susan W. Parker, Jere R. Behrman, and Carola Pessino(2001). "Conditional Cash Transfers and Their Impact on Child Work and Schooling: Evidence from The Progresa Program in Mexico [with comments]." *Economia* 2, no. 1: 45-96.

8. Rivera, Juan A., Daniela Sotres-Alvarez, Jean-Pierre Habicht, Teresa Shamah, and Salvador Villalpando(2004). "Impact of The Mexican Program for Education, Health, and Nutrition (Progresa) on Rates of Growth and Anemia in Infants and Young Children: A Randomized Effectiveness Study." *JAMA* 291, no. 21: 2563-2570.

9. Gertler, Paul(2004). "Do Conditional Cash Transfers Improve Child Health? Evidence from PROGRESA's Control Randomized Experiment." *American Economic Review* 94,no. 2: 336-341.

10. Parker, Susan W., and Petra E. Todd(2017). "Conditional Cash Transfers: The Case of Progresa/Oportunidades." *Journal of Economic Literature* 55, no. 3: 866-915.

11. Newhouse, Joseph P.(1993) *Free for All?: Lessons from The RAND Health Insurance Experiment.* Harvard University Press.

12. Jones, Damon(2010). "Information, Preferences, and Public Benefit Participation: Experimental Evidence from The Advance EITC and 401 (k) Savings." *American Economic Journal: Applied Economics* 2, no. 2: 147-163.

13. Linos, Elizabeth, Allen Prohofsky, Aparna Ramesh, Jesse Rothstein, and Matthew Unrath(2022). "Can Nudges Increase Take-up of The EITC? Evidence from Multiple Field Experiments." *American Economic*

Journal: Economic Policy 14, no. 4: 432–452.

14. Chetty, Raj, Nathaniel Hendren, and Lawrence F. Katz(2016). "The Effects of Exposure to Better Neighborhoods on Children: New Evidence from The Moving to Opportunity Experiment." *American Economic Review* 106, no. 4: 855–902.

15. Burtless, Gary, and Jerry A. Hausman(1978). "The Effect of Taxation on Labor Supply: Evaluating The Gary Negative Income Tax Experiment." *Journal of political Economy* 86, no. 6: 1103–1130.

16. Robins, Philip K.(1985) "A Comparison of The Labor Supply Findings from The Four Negative Income Tax Experiments." *Journal of Human Resources* 567–582.

17. Verho, Jouko, Kari Hämäläinen, and Ohto Kanninen(2022). "Removing Welfare traps: Employment Responses in The Finnish Basic Income Experiment." *American Economic Journal: Economic Policy* 14, no. 1: 501–522.

18. Banerjee, Abhijit, Michael Faye, Alan Krueger, Paul Niehaus, and Tavneet Suri(2020). "Effects of a Universal Basic Income during the Pandemic." Innovations for Poverty Action Working Paper.

12장

1. OECD Social Expenditure Database 2019. https://www.oecd.org/social/expenditure.htm
2. https://m.kmib.co.kr/view.asp?arcid=0015921357

13장

1. Kim, Seonghoon, Kanghyock Koh and Wonjun Lyou(2022). "The Effects of Patient Cost-Sharing on Adolescents' Healthcare Utilization and Financial Risk Protection: Evidence from South Korea." Working Paper.
2. Shigeoka, Hitoshi. "The Effect of Patient Cost Sharing on Utilization, Health, and Risk Protection." *American Economic Review* 104.7(2014): 2152–84.
3. https://www.docdocdoc.co.kr/news/articleview.html?idxno= 2013681
4. Chandra, Amitabh, Evan Flack, and Ziad Obermeyer(2021). *The Health Costs of Cost-Sharing*. no. W28439. National Bureau of Economic

Research, 2021.

5. Cohen, Jessica, and Pascaline Dupas(2010). "Free Distribution or Cost-Sharing? Evidence from a Randomized Malaria Prevention Experiment." *The Quarterly Journal of Economics* 1-45.

14장

1. https://data.oecd.org/healthstat/life-expectancy-at-birth.htm
2. https://stats.oecd.org/index.aspx?DataSetCode=HEALTH_proc
3. Ashraf, Nava, et al.(2020) "Losing Prosociality in The Quest for Talent? Sorting, Selection, and Productivity in The Delivery of Public Services." *American Economic Review* 110.5: 1355-1394.

15장

1. Lazear, Edward(2000). "Performance Pay and Productivity." *American Economic Review* 90.5: 1346-1361.
2. Kim, Hyuncheol Bryant, Seonghoon Kim, and Thomas T. Kim(2020). "The Role of Career and Wage Incentives in Labor Productivity: Evidence from a Two-Stage Field Experiment in Tanda." *Review of Economics and Statistics* 102.5: 839-851.
3. Kim, Hyuncheol Bryant, Hyunseob Kim, and John Y. Zhou(2022). "The Selection Effects of Part-Time Work: Experimental Evidence from a Large-Scale Recruitment Drive." Working Paper.
4. Dal Bó, Ernesto, Frederico Finan, and Martín A. Rossi(2013). "Strengthening State Capabilities: The Role of Financial Incentives in The Call to Public Service." *The Quarterly Journal of Economics* 128.3: 1169-1218.

16장

1. Moonesinghe, S. R., et al.(2011) "Impact of Reduction in Working Hours for Doctors in Training on Postgraduate Medical Education and Patients' Outcomes: Systematic Review." *BMJ* 342.
2. Park, Wooram, and Yoonsoo Park(2019). "When Less Is More: The Impact of The Regulation on Standard Workweek on Labor Productivity in South Korea." *Journal of Policy Analysis and Management* 38.3: 681-705.

3. Kim, Hyungrak, and Jungmin Lee(2012). "The Impacts of The 40 Hour Work Week Standard on Actual Working Hours, Wages and Employment." *Korean Journal of Labour Economics* 35.3: 83-100

4. Hunt, Jennifer(1999). "Has Work-Sharing Worked in Germany." *The Quarterly Journal of Economics* 114.1: 117-148.

5. Ahn, Taehyun(2016). "Reduction of Working Time: Does It Lead to a Healthy Lifestyle." *Health Economics* 25.8: 969-983.

6. Lee, Jungmin, and Yong-Kwan Lee(2016). "Can Working Hour Reduction Save Workers." *Labour Economics* 40: 25-36.

7. Crépon, Bruno, and Francis Kramarz(2002). "Employed 40 Hours or Not Employed 39: Lessons from The 1982 Mandatory Reduction of The Workweek." *Journal of Political Economy* 110.6: 1355-1389.

8. Kawaguchi, Daiji, et al.(2008) *Labor Market Responses to Legal Work Hour Reduction: Evidence from Japan.* Tokyo: Economic and Social Research Institute, Cabinet Office.

9. Park, Sungchul, and Hansoo Ko(2020). "Intended and Unintended Consequences of a New Limit on Working Hours in South Korea: Implications for Precarious Employment." Working Paper.

10. https://data.oecd.org/emp/hours-worked.htm

11. https://www.oecd.org/els/family/database.htm

12. Kim, Hyuncheol Bryant, Hyunseob Kim, and John Y. Zhu(2022). "The Selection Effects of Part-Time Work: Experimental Evidence from a Large-Scale Recruitment Drive." Working Paper.

17장

1. Sen, Amartya(2017). "More Than 100 Million Women Are Missin." *Gender and Justice.* Routledge. 219-222.

2. United Nations(2011). "Department of Economic and Social Affairs, Population Division." *Sex Differentials in Childhood Mortality.* United Nations Publication. St/Esa/Ser.A/314.

3. Choi, Eleanor Jawon, and Jisoo Hwang(2020). "Transition of Son Preference: Evidence from South Kore." *Demography* 57.2: 627-652.

4. https://data.oecd.org/earnwage/gender-wage-gap.htm

5. Kuziemko, Ilyana, et al.(2018) "The Mommy Effect: Do Women Anti-

cipate The Employment Effects of Motherhood?" no. W24740. *National Bureau of Economic Research*.

6. 김안나, 한유진(2020). 〈첫아이 출산이 기혼여성의 노동시장 성과에 미치는 영향에 관한 동태적 분석〉. Klips Working Paper.

7. Goldin, Claudia(2014). "A Grand Gender Convergence: Its Last Chapte." *American Economic Review* 104.4: 1091-1119.

18장

1. Sullivan, Daniel, and Till Von Wachter(2009). "Job Displacement and Mortality: An Analysis Using Administrative Data." *The Quarterly Journal of Economics* 124.3: 1265-1306.

2. Halla, Martin, Julia Schmieder, and Andrea Weber(2020). "Job Displacement, Family Dynamics, and Spousal Labor Supply." *American Economic Journal: Applied Economics* 12.4: 253-287.

3. Huttunen, Kristiina, and Jenni Kellokumpu(2016). "The Effect of Job Displacement on Couples' Fertility Decisions." *Journal of Labor Economics* 34.2: 403-442.

4. Rege, Mari, Kjetil Telle, and Mark Votruba(2011). "Parental Job Loss and Children's School Performance." *The Review of Economic Studies* 78.4: 1462-1489.

5. Mörk, Eva, Anna Sjögren, and Helena Svaleryd(2019). *Parental Job Loss and Child Human Capital in The Short and Long Run: An Analysis of Workplace Closures 1995-2000*. no. 2019: 3. Working Paper.

19장

1. Isphording, Ingo E., Marc Lipfert, and Nico Pestel. "Does re-opening schools contribute to the spread of SARS-CoV-2? Evidence from staggered summer breaks in Germany." *Journal of Public Economics* 198: 104426.

2. Kim, Eun Young, et al.(2020) "Children With Covid-19 After Reopening of Schools, South Korea." *Pediatric Infection & Vaccine* 27.3: 180-183.

3. Falk A, Benda A, Falk P, et al.(2020) Covid-19 Cases and Transmission in 17 K-12 Schools-Wood County. Wisconsin(August 31-November 29). Mmwr Morb Mortal Wkly Rep.

4. Macartney, Kristine, et al.(2020) "Transmission of Sars-Cov-2 in Australian Educational Settings: A Prospective Cohort Study." *The Lancet Child & Adolescent Health* 4.11: 807-816.

5. Somekh, Ido, et al.(2021) "Reopening Schools and The Dynamics of Sars-Cov-2 Infections in Israel: A Nationwide Study." *Clinical Infectious Diseases*.

6. García, Jorge Luis, et al.(2020) "Quantifying The Life-Cycle Benefits of an Influential Early-Childhood Program." *Journal of Political Economy* 128.7: 2502-2541.

7. Kim, Hyuncheol Bryant, Syngjoo Choi, Booyuel Kim, and Cristian Pop-Eleches(2018). "The Role of Education Interventions in Improving Economic Rationality." *Science* 362.6410: 83-86.

8. Heckman, James J., Jora Stixrud, and Sergio Urzua(2006). "The Effects of Cognitive and Noncognitive Abilities on Labor Market Outcomes and Social Behavior." *Journal of Labor Conomics* 24.3: 411-482.

9. Kenkel, Donald, Dean Lillard, and Alan Mathios(2006). "The Roles of High School Completion and Ged Receipt in Smoking and Obesity." *Journal of Labor Economics* 24.3: 635-660.

10. Behrman, Jere R., and Mark R. Rosenzweig(2002). "Does Increasing Women's Schooling Raise The Schooling of The Next Generation?" *American Economic Review* 92.1: 323-334.

11. Lleras-Muney, Adriana(2005). "The Relationship Between Education and Adult Mortality in The United States." *The Review of Economic Studies* 72.1: 189-221.

12. Currie, Janet, and Enrico Moretti(2003). "Mother's Education and The Intergenerational Transmission of Human Capital: Evidence from College Openings." *The Quarterly Journal of Economics* 118.4: 1495-1532.

13. Champeaux, Hugues, et al.(2020) "Learning at Home: Distance Learning Solutions and Child Development During The Covid-19 Lockdown." no. 13819. IZA Discussion Papers.

14. 김현수(2020).《코로나로 아이들이 잃은 것들》, 덴스토리.

15. Carsetti, Rita, et al.(2020) "The Immune System of Children: The Key to Understanding Sars-Cov-2 Susceptibility?" *The Lancet Child &*

Adolescent Health 46: 414-416.

16. Amuedo-Dorantes, Catalina, et al.(2020) "Covid-19 School Closures and Parental Labor Supply in The United States." no. 13827. IZA Discussion Papers.

20장

1. Contini, D., Tommaso, M., Muratori, C., Piazzalunga, D., Schiavon, L.(2021) "The Covid-19 Pandemic and School Closure: Learning Loss in Mathematics in Primary Education." IZA Discussion no. 14785.

2. Engzell, P., Frey, A., and Verhagen, M. D.(2021). "Learning Loss Due to School Closures During The Covid-19 Pandemic." *Proceedings of The National Academy of Sciences* 118(17).

3. Gore, J., Fray, L., Miller, A., Harris, J., and Taggart, W.(2021) "The Impact of Covid-19 on Student Learning in New South Wales Primary Schools: An Empirical Study." *The Australian Educational Researcher* 48(4): 605-637.

4. Schult, J., and Lindner, M. A.(2021) "Did Students Learn Less During The Covid-19 Pandemic? Reading and Mathematics Competencies Before and After The First Pandemic Wave." Working Paper.

5. Maldonado, J., and De Witte, K.(2020) "The Effect of School Closures Otandardizeded Student Test." *Feb Research Report Department of Economics*.

6. Gonzalez, T., De La Rubia, M. A., Hincz, K. P., Comas-Lopez, M., Subirats, L., Fort, S., and Sacha, G. M.(2020) "Influence of Covid-19 Confinement on Students' Performance in Higher Education." *Plos One* 15(10): E0239490.

7. Birkelund, J. F., and Karlson, K. B.(2021) *"No Evidence of a Major Learning Slide 14 Months Into The Covid-19 Pandemic in Denmark."*

8. Youjin Hahn, Hyuncheol Bryant Kim, Hee-Seung Yang(2023). "Impacts of In-Person School Days on Student Outcomes and Inequality: Evidence from Korean High Schools during the Pandemic." Working Paper.

9. Tomasik, M. J., Helbling, L. A., and Moser, U.(2021) "Educational Gains of In-Person vs. Distance Learning in Primary and Secondary Schools:

A Natural Experiment During The Covid-19 Pandemic School Closures in Switzerland." *International Journal of Psychology* 56(4): 566-576.

10. van Der Velde, M., Sense, F., Spijkers, R., Meeter, M., and Van Rijn, H.(2021). "Lockdown Learning: Changes in Online Study Activity and Performance of Dutch Secondary School Students During The Covid-19 Pandemic." Working Paper.

11. Meeter, M.(2021). "Primary School Mathematics During The Covid-19 Pandemic: No Evidence of Learning Gaps in Adaptive Practicing Results." *Trends in Neuroscience and Education* 25: 100163.

12. Spitzer, M. W. H., and Musslick, S.(2021) "Academic Performance of K-12 Students in an Online-Learning Environment for Mathematics Increased During The Shutdown of Schools in Wake of The Covid-19 Pandemic." *Plos One* 16(8): E0255629.

나오며

1. Kim, Dongyoung, and Young-Il Albert Kim(2018). "Mental Health Cost of Terrorism: Study of The Charlie Hebdo Attack in Paris." *Health Economics* 27.1: E1-E14.

2. Kim, Albert Young-Il, and Jungmin Lee(2014). "The Long-Run Impact of a Traumatic Experience on Risk Aversion." *Journal of Economic Behavior & Organization* 108: 174-186.

3. Kim, Albert Young-Il(2017). "Long-Run Mental Health Impact of The Korean War." *Seoul Journal of Economics* 30.4.

4. Hikichi, Hiroyuki, et al.(2017) "Residential Relocation and Change in Social Capital: A Natural Experiment from The 2011 Great East Japan Earthquake and Tsunami." *Science Advances* 3.7: E1700426.

5. Bai, Yu, and Yanjun Li(2021). "More Suffering, More Involvement? The Causal Effects of Seismic Disasters on Social Capital." *World Development* 138: 105221.

6. Mccoy, Shawn J., Ian K. Mcdonough, and Punarjit Roychowdhury (2020). "The Impact of Terrorism on Social Capital: Evidence from The 2015 Charlie Hebdo Paris Shooting." *Oxford Bulletin of Economics and Statistics* 82.3: 526-548.

7. Hersh, Eitan D.(2013) "Long-Term Effect of September 11 on The

Political Behavior of Victims' Families and Neighbors." *Proceedings of The National Academy of Sciences* 110.52: 20959-20963.

경제학이
필요한
순간°